A menina
LOAS

Um processo de construção
da Assistência Social

EDITORA AFILIADA

*Conselho Editorial da
área de Serviço Social*

Ademir Alves da Silva
Diléa Adeodata Bonetti
Elaine Rossetti Behring
Maria Lúcia Carvalho da Silva
Maria Lúcia Silva Barroco

**Dados Internacionais de Catalogação na Publicação (CIP)
(Câmara Brasileira do Livro, SP, Brasil)**

Sposati, Aldaíza
    A menina LOAS : um processo de construção da assistência social / Aldaíza Sposati. — 6. ed. — São Paulo : Cortez, 2011.

Bibliografia.
ISBN 978-85-249-1851-3

    1. Assistência social - Brasil 2. Assistência social - Leis e legislação - Brasil 3. Brasil - Política social 4. Legislação social - Brasil 5. Lei Orgânica da Assistência Social (Brasil) I. Título.

11-13121   CDD-361.30981

Índices para catálogo sistemático:
1. Brasil : Assistência social : Serviço social   361.30981

Aldaíza Sposati

A menina
LOAS

Um processo de construção
da Assistência Social

6ª edição
6ª reimpressão

A MENINA LOAS: um processo de construção da Assistência Social
Aldaíza Sposati

Capa: DAC
Equipe de processamento de dados: Adelina Cristina Pinto (Kika),
          Alexandre Lins Ferreira, Rene Ziegelmaier
Revisão: Maria de Lourdes de Almeida
Composição: Linea Editora Ltda.
Assessoria editorial: Elisabete Borgianni
Secretaria editorial: Priscila F. Augusto
Coordenação editorial: Danilo A. Q. Morales

Nenhuma parte desta obra pode ser reproduzida ou duplicada sem autorização expressa da autora e do editor.

© 2004 by Autora

Direitos para esta edição
CORTEZ EDITORA
Rua Monte Alegre, 1074 – Perdizes
05014-001 – São Paulo – SP
Tel.: (11) 3864-0111   Fax: (11) 3864-4290
e-mail: cortez@cortezeditora.com.br
www.cortezeditora.com.br

Impresso no Brasil – maio de 2022

SUMÁRIO

Prefácio à 6ª edição 7

A menina LOAS 17
    A paternidade da LOAS 19
    As transformações genéticas 31
    A gestação da LOAS 53
    Projetos de Lei para a LOAS 62
    A infância da menina LOAS 78

PREFÁCIO À 6ª EDIÇÃO

A menina LOAS faz 18 anos!

Ao apresentar a comemoração dos 10 anos da LOAS, na IV Conferência Nacional de Assistência Social, em dezembro de 2003, por mais que se desejasse a superação nos anos sequentes do ritmo, até então lento, do desenvolvimento da política pública de assistência social no âmbito da seguridade social brasileira, não se poderia imaginar a velocidade de seus novos rumos na direção da nacionalização de uma política pública.

Rastrear os oito últimos anos, de dezembro de 2003 a dezembro de 2011, na trajetória da assistência social brasileira mostra um ritmo quase cibernético próprio do terceiro milênio. As alterações ocorridas nesse período exigiram que fossem acrescidas algumas páginas de abertura a esta publicação, datada pelo seu caráter memorativo, dos então 10 anos da LOAS.

Mal se sabia, embora se intuísse, que a permanência do desejado MAS — Ministério da Assistência Social, instalado em 2003, fosse interrompida. Em páginas finais da primeira edição da *A menina LOAS* já se afirmava que, embora essa menina estivesse abrigada em casa própria, essa casa não tinha robustez para garantir direitos. Palavras quase proféticas, pois a um sopro, no início de 2004, o MAS é dissolvido. A gestão federal volta à forma concebida em 1974, tempos da ditadura, quando a assistência social ocupava uma Secretaria do MPAS — Ministério da Previdência e Assistência Social. Em 2004 há, porém, uma alteração significativa.

A gestão da assistência social passa a compor o cenário das novas políticas sociais em um ambiente entendido como desenvolvimento social. Tendo por carro-chefe o Programa Fome Zero, o novo Ministério, que substituiu o de assistência social, cria a Secretaria de Segurança Alimentar e, ainda, particulariza uma Secretaria de Renda e Cidadania para operar exclusivamente com o novo Programa Bolsa Família, que introduz a transferência de renda condicionada em todo o território nacional.

Pode-se dizer que, de certa forma, ocorre certo afastamento na formatação da gestão da assistência social federal do ambiente do tripé da seguridade social. Saúde e Previdência Social permaneceram com Ministérios específicos. O novo ambiente direcionado pelo desenvolvimento social colocou novas questões para a assistência social. O sentido de proteção social, próprio da seguridade social, seria excludente do desenvolvimento social, ou vice-versa?

Haveria alguma intenção em afastar a assistência social da matriz de proteção social não contributiva, por considerar que esse lugar se traduzia em visão assistencialista? Estaria em curso a ideia de substituir o lugar da assistência social na seguridade social, situando-a no campo das políticas de inclusão social? Ou as denominadas políticas de cidadania?

Muitas questões traziam inquietudes quanto a esse novo lócus de gestão da assistência social, uma estratégia institucional que poderia ao mesmo tempo fortalecer ou fragilizar o âmbito de uma política pública de direitos. A resposta foi a aprovação pelo CNAS — Conselho Nacional de Assistência Social, através da Resolução n. 145, de 15 de outubro de 2004, da PNAS-04, Política Nacional de Assistência Social de 2004. Sua antecessora era a PNAS de 1998, que centrou o âmbito da assistência social como política de combate à pobreza, focalizada nesses "destinatários". A PNAS 2004 resultou de amplo processo de debates descentralizados em regiões do país. Seu eixo central é a proteção social não contributiva como alargamento do alcance da política brasileira de proteção social como direito de cidadania, e não direito do trabalho próprio do seguro social ou da proteção social contributiva. Mas como assinala o texto da PNAS-04 (MDS, 2005, p. 25) ela se articula *"a outras políticas do campo social, voltadas à garantia de direitos e de condições dignas de vida"*.

O lugar de conceituação da política de assistência social como proteção social não contributiva, estabelecido pela PNAS-2004, atribui-lhe a responsabilidade de garantir como direito social o alcance de seguranças sociais de sobrevivência, rendimento, autonomia, acolhida, convívio ou vivência familiar. Essa afirmação, no âmbito do texto aprovado da Política Nacional, superou as dúvidas, ou os possíveis descaminhos, de que a política de assistência social estivesse migrando do âmbito da seguridade social, território orientado por política pública de direitos, para o de uma ação social, ou de promoção social dentro do conceito de desenvolvimento social. A proteção social significa avanço, é mais do que amparo, ela é fortalecedora, em vários sentidos, inclusive o da autonomia, que vai para bem além da ampliação da renda.

A PNAS-04 define os novos rumos a serem acatados por todos os gestores desde os municípios. A "parentela" da jovem LOAS (formalizada pela aprovação em lei de Conselho, Plano e Fundo) deve se habilitar perante o entendimento da PNAS-04 e seus eixos estruturantes. A proteção social é hierarquizada em básica e especial; esta última se organiza por graus de complexidade, mas, sobretudo, deve iniciar a instalação do que será a unidade básica da proteção social não contributiva em todo o território nacional, o CRAS — Centro de Referência de Assistência Social. Posteriormente, uma nova unidade nacional é convalidada, o CREAS — Centro de Referência Especializado de Assistência Social. Uma nova linguagem de reconhecimento e efetivação passa a comandar e construir a identidade da assistência social em todo o país.

A unidade da materialidade dessa política social pública vai se consolidar na proposta da instalação do SUAS — Sistema Único de Assistência Social. Cabe lembrar que a efetivação do SUAS foi uma deliberação final da mesma IV Conferência Nacional da Assistência Social comemorativa dos 10 anos da LOAS. Essa Conferência é reconhecida como aquela que inaugurou espaço para a manifestação dos municípios, portanto, mais municipalista. A Menina LOAS trouxe a público seus parentes mais distantes.

Esse sistema vai ser objeto de uma Norma Operacional Básica específica. A NOB/SUAS de 2005, aprovada em 15 de julho de 2005 pela Resolução do CNAS n. 130. Esta NOB constrói as bases do SUAS e de sua forma de operação. Neste ano de 2011 a gestão do trabalho e dos trabalhadores é tema central da VIII Conferência Nacional de Assistência Social e das Conferências municipais e estaduais que a precedem. Evolui-se da noção meio, em que os trabalhadores são considerados como meio ou recursos humanos, para entendê-los como uma categoria fundamental em uma política que tem por mediação o trabalho social de seus agentes.

Entre a IV Conferência de 2003 e a de 2011 a sequência de Conferências Nacionais obedeceu à periodicidade original da LOAS, de dois em dois anos. Foi em 2003 derrubado o dispositivo presidencial de 1999 que sustou essa periodicidade. Grande parte das Conferências Estaduais já está na nona realização, já que corretamente as gestões estaduais não seguiram a proibição da presidência da república, em 1999, mantendo a realização bienal da III Conferência Nacional postergada para 2001.

A NOB-SUAS, a terceira NOB exarada pós-LOAS, para orientação da Política de Assistência Social, é basilar na constituição da unidade nacional da política, caracterizando cada ente gestor em um nível de habilitação. O nível de habilitação (inicial, básico e pleno) passou a ser o orientador das transferências de recursos federais para os municípios. A ela seguiu-se a NOB-RH de 2006, dedicada aos recursos humanos, propondo a constituição de equipes de referência dos CRAS e dos CREAS, entre outras determinações.

A linha mestra da política no âmbito da seguridade social foi sendo fortalecida. O quadro nacional da gestão dessa política foi objeto de análise. Inicialmente, em 2005, pela Fotografia da Gestão da Assistência Social estadual e municipal, no contexto da utopia SUAS+10, isto é, a construção do edifício SUAS em 10 anos ou até 2015. A seguir, pelos estudos desenvolvidos pelo IBGE na pesquisa Perfil dos Municípios, produzindo um encarte nominado Assistência Social que, seguindo o conteúdo da Fotografia do SUAS, produz a partir de 2005 censos conhecidos como MUNIC. Essas duas pesquisas possibilitaram, na V Conferência de 2007, a apresentação do IGEMAS — Indicadores da Gestão Municipal do SUAS. Aprimorando esse processo são mantidos anualmente pela SNAS — Secretaria Nacional da Assistência Social, o Censo SUAS e o Censo CRAS, enquanto medidas de monitoramento longitudinal das alterações com que o SUAS vai conformando a gestão de prefeituras e de governos estaduais.

Mas o crescimento da menina LOAS não para por aí. A consolidação do Programa Bolsa Família, enquanto uma política de efeito massivo para quase 13 milhões de famílias, ou mais de 50 milhões de brasileiros, exerceu um novo efeito na gestão da assistência social nos municípios. Como operadores principais desse programa o impacto municipal da assistência social foi se tornando visível. Aponta-se que em 2011 essa política reúne 220 mil trabalhadores. A família da menina LOAS expandiu-se significativamente.

O crescimento da política de benefícios trouxe nova preocupação, a gestão integrada entre serviços, benefícios e transferências de renda no âmbito do SUAS. Em 10 de setembro de 2009 foi assinado pelos membros da CIT — Comissão Intergestores Tripartite, composta por gestores estaduais e municipais, protocolo de gestão integrada. Logo a seguir, a resolução n° 109 do CNAS, de 11/11/2009, aprova a Tipificação Nacional de Serviços Socioassistenciais.

A completude da política foi avante, ainda com mais um passo, a regulação da relação público-privado na gestão da política. Delicado momento que exigiu alterar o papel do CNAS em exarar parecer individual a entidades sociais variadas quanto à concessão de certificado que lhes permitia pleitear isenções de taxas federais. Essa ação cartorial do CNAS, perpetuada por mais de sete décadas, fazia deslizar sua função cogestora da política nacional para a aplicação de procedimentos jurídico-contábeis apreciando, caso a caso, o interesse de entidades sociais em obter o "certificado de entidade beneficente de assistência social", nomenclatura de conceituação discutível, mas imposta pela CF-88. Depois de árduos debates foi aprovada a Lei n. 12.101/2009, que retirou essa competência cartorial do CNAS, e mais, especificou o campo das entidades de assistência social. Superou-se sentido vulgar de entendimento da assistência social, fora do âmbito do direito à seguridade social, e na condição genérica e filantrópica de ação gratuita voltada para pobres. A partir desse dispositivo legal cada órgão federal de administração direta — saúde, educação, assistência social —, passou a examinar as solicitações e a se pronunciar, de acordo com a afinidade de âmbito de ação da entidade e os ditames das respectivas políticas sociais públicas. A política de assistência social passou a ser respeitada em sua especificidade de política pública de seguridade social, superando o entendimento de que se constituiria em um "governo paralelo para os pobres" infenso a direitos sociais.

A regulação público-privado sob o vínculo SUAS é, ainda, uma construção em andamento que certamente ocupará os próximos anos do SUAS+10.

Todo esse processo, pleno de curvas como a boa arquitetura de Niemayer, chegou neste 2011 a um ponto de maturidade, certeza, consolidação, com a aprovação da Lei n. 12.435, em 6 de julho de 2011. Esta lei reescreve a LOAS a partir do SUAS. Torna-se já conhecida como a LOAS-SUAS.

A menina LOAS salta da infância para a vivência adulta com sua árvore de pertencimento consolidada. O SUAS — Sistema Único de Assistência Social, pela maturidade alcançada, inexistente em 1993, alterou o texto da LOAS concretizando mais clara e incisivamente a política pública de direitos da assistência social como dever de Estado no âmbito da seguridade social brasileira.

É, agora, a carteira de identidade, e não mais o registro de nascimento, que dá reconhecimento à política de assistência social, um adulto com direitos a ter direitos.

Aldaíza Sposati
outubro de 2011

A MENINA LOAS[1]

Aldaíza Sposati[2]
Brasília, 7 de dezembro de 2003

Hoje é dia de aniversário de uma menina. Faz 10 anos. É uma pré-adolescente brasileira, que, como outras tantas, tem sonhos, quiçá de ser *top model*, mas vive em uma periferia, relegada pelas irmãs, a saúde e a previdência, que relutam em reconhecer seu vínculo consanguíneo pelo mesmo pai: a seguridade social. A legalidade da relação Estado-mercado-sociedade para o alargamento de um pacto social, que poderia gerar o dever público para essa família da seguridade é questionada nos salões de festas de grandes empresários, banqueiros e políticos. Só o povo que

---

1. Conferência de abertura da IV Conferência Nacional de Assistência Social.
2. Professora titular da PUC-SP. Coordenadora do Núcleo de Estudos e Pesquisa em Seguridade e Assistência Social da PUC-SP, vereadora pelo Partido dos Trabalhadores na Câmara Municipal de São Paulo licenciada e Secretária Municipal de Assistência Social da Cidade de São Paulo.

— nos forrós nos pagodes, nos grupos de *hip hop*, nas festas do bairro e do dia de santo — diz que é preciso que a seguridade social seja relação de compromisso e casamento duradouro. A menina LOAS convive com esses dois lados.

Creio que podemos discorrer solto, a falar da menina LOAS: do lugar onde vive; dos seus sonhos; da sua situação financeira; dos seus padrinhos estrangeiros e dos brasileiros, daqueles que querem que ela se porte de um jeito que não é o dela; dos que a rejeitam; dos que a aceitam e acham até, que ela tem um futuro promissor, entre outras várias conversas.

É possível que a analogia entre os 10 anos da LOAS e os 10 anos de uma adolescente brasileira: dos seringais da Amazônia, dos morros do Rio, das praças de Salvador, das periferias ou mesmo, do centro de São Paulo, dos pampas ou de Porto Alegre, tenham semelhanças pelas próprias determinações sócios, econômicas, políticas, históricas de nossa sociedade brasileira.

Mas o fato é que ambas, hoje, são aniversariantes e merecem todo o respeito em ser ouvidas, entendidas, apoiadas, protegidas, incentivadas em seus projetos pessoais e sociais.

Ambas são portadoras potenciais de direitos, seres de direitos, que facilmente são negados, direta ou indiretamente, por instituições, por agentes institucionais, por técnicos, por autoridades, pela família, pelos companheiros. Ambas são, portanto, só cidadãs potenciais, já que não possuem garantias plenamente reconhecidas.

Ambas estão infelizes com tanta discussão e pouca coerência na ação. A menina LOAS ouve dizer que é tudo complexo, é tudo complicado. Sente que passa o tempo e tudo continua no mesmo. Parece até, que o mundo é um caminho sem rumo.

Afinal de contas, que rumo é esse da inclusão e da cidadania se o cotidiano é mais de exclusão e de descidadania. Sem falar da anunciada democracia onde tudo se prepara para acontecer e, na hora H, falha.

Afinal o que impede da menina LOAS de ser feliz, poder sorrir, ter esperança, não ter medo de ser feliz? Isto é, não ter medo de levar surra? Não sentir traição dos mais velhos quando da realização de seus sonhos e desejos? Não ver negada a comemoração de sua festa de aniversário?

O assunto merece atenção de especialistas, analistas, amigos e até dos devotos, entendidos como fundamentalistas, cuja religiosidade e fé é considerada vício de origem e formação.

Vamos conversar sobre a vida dessa menina LOAS, começando sobre os traços genéticos de sua paternidade.

A paternidade da LOAS

A assistência social não nasce como política no mesmo dia do nascimento da LOAS. Ela é bem mais velha. É mais um caso de atraso de registro de nascimento. Ela tem bem mais que 10 anos de vida. Fazer o registro de nascimento em data atrasada pode ser vontade de fazer coincidir com o dia de padroeiro mas, em geral, é situação de mãe solteira, que fica esperando a coragem do pai, em pôr seu nome no registro da criança já nascida e crescida. É bom lembrar que o pai da LOAS é o Estado brasileiro.

A LOAS tem parentes distantes, talvez mais estrangeiros do que brasileiros. Boa parte são de ingleses, outra de franceses, que conseguiram um acordo entre Sociedade-Estado-Mercado, na metade da década de quarenta, do século XX, após a Segunda Guerra Mundial, para fazer nascer a proteção social de cidadania para todos, garantida por serviços públicos custeados pelo orçamento estatal, cuja receita decorre do pagamento de impostos e taxas pelo conjunto dos cidadãos. Para isso, os impostos e as taxas têm que ser justos e incidir mais sobre quem tem mais riqueza e propriedade para poder redistribuir bons serviços públicos. A experiência inglesa de bem-estar social e a francesa de solidariedade e proteção social, se estenderam por outros países da Europa. No Brasil mesmo, só chegou, e com modificações, em 1988 pela sanção da nova Constituição.

Os sociais democratas brasileiros, e parte dos socialistas entenderam que o Brasil poderia, e deveria, produzir serviços sociais públicos de qualidade mesmo, sob a economia capitalista. Deveria demandar tal responsabilidade do Estado, mesmo que isto pudesse parecer quase impossível de acontecer ou até considerar que alguns políticos poderiam usar tais serviços só para amainar conflitos sociais. Aqui em geral, a família socialista se divide. Para alguns mais ortodoxos tudo o que for proposto tenderá a fantasias e resultado zero, enquanto a economia não for socialista. Para outros, as mudanças na sociedade são relações de conflito e esses conflitos mudam posições de forças sociais e permitem mudar situações e protagonismos. Assim, sem abandonar a direção socialista, e sem falsos objetivos, entendem que é preciso buscar mudar já. A menina LOAS vem dessa segunda família mas, vira e mexe, seus tios, que não aceitam reformas, ralham com ela.

A conquista de direitos humanos e sociais supõe uma revolução político-cultural que provoca mudanças no modo de pensar e agir conservador, ditatorial, não democrático, de concentração de riquezas intensamente presentes na sociedade brasileira. Estas mudanças geram também impactos na economia, no financiamento público. Sem essa mudança de entendimento nunca no Brasil poderão ser praticados os direitos sociais e direitos humanos.

Mas é bom ter presente que nos dias de hoje, aumentou o número de pobres na Inglaterra e foram fragilizadas as políticas sociais. Durante os anos 1970, pouco mais de 20 anos da experiência de bem-estar social, a corrente do neoliberalismo político, econômico e social, iniciada com Margaret Tatcher, foi desfazendo as conquistas sociais dos anos 1950. Esta corrente também chegou ao Brasil logo depois da Constituição de 88, pelas mãos do presidente Collor que gerou impedimentos para o avanço das conquistas sociais.

Em 1990, ele impediu que a LOAS fosse promulgada e vetou seu nascimento. Não esqueçamos dos ingratos em dia de aniversário, pela negativa eles também constroem história.

A assistência social tem na sua paternidade genética heranças que não se pode afirmar, sejam desejáveis ou compatíveis com a inclusão ou com os direitos de cidadania. Em sua paternidade longínqua a LOAS tem interessantes lembranças do lado dos parentes homens. Uma delas é Ataulpho Nápole de Paiva, juiz da Corte de Apelação do Rio de Janeiro, nascido em Pindamonhangaba, formado advogado pelo Largo São Francisco, acadêmico de letras, que trouxe um importante gene republicano para a menina LOAS. Entre 1898 e 1905, ele escreveu livros e artigos em jornais sobre a assistência pública. Representou o Brasil na Exposição Universal em Paris, em 1898 na virada do século e após em Milão, defendendo a assistência pública. Acompanhou a tramitação do projeto de lei no Congresso Nacional Brasileiro propondo criar a Direção Geral de Assistência Pública como já existia na França, mas que nunca chegou a se efetivar no Brasil. Definia com Thiers, e com as coordenadas do Congresso de 1898, que *"a assistência pública é devida ao indigente que se encontra temporária ou definitivamente, na impossibilidade física de prover as necessidades da existência"*. Contesta Darwin e Malthus por considerarem que as pessoas deveriam ser punidas pela sua imprevidência, condenando o Estado, caso viesse a assumir qualquer responsabilidade pela proteção social.

Defendia ideias de Larochefoucauld — Liancourt, para quem a assistência pública não era benefício, mas sim, um dever de Estado. Como veem essa noção de dever do Estado vem de longe. (Figura 1)

Figura 1. Congresso de Assistência, Paris, 1906.

As ideias avançadas de Ataulpho Paiva não prosperaram em toda Velha República. O Brasil no período, só deu lugar ao nascimento da Previdência Social, isto para o trabalhador de carteira assinada, e em geral, os homens. Nunca fomos uma sociedade de pleno emprego. Lembremos as barreiras criadas aos negros para sobreviver e trabalhar no pós-libertação da escravidão. No pensamento idealizado liberal permanecia a ideia moral pela qual atribuir benefícios ao trabalhador formal era um modo de disciplinar e incentivar a trabalhar o trabalhador informal, tido por vadio. Sempre no Brasil os informais foram em maior número do que os formais.

A menina LOAS tem raízes genéticas com este trabalhador informal, apartado, excluído. Como dizia Ataulpho de Paiva, em 1902, no Jornal do Comércio *"os economistas jamais puderam conceber e proclamar o direito a assistência que consideram a criação artificial de um privilégio injustificável e perigoso"*. Até hoje os economistas só aceitam a assistência se vier disfarçada como uma ação compensatória, bem focalizada, e circunstancial. Falar em direito a assistência social arrepia a "nuca de economistas"!

Direito à assistência social é dever de Estado, e não, compensação do mercado. A menina LOAS, que não tem nada de parentesco com a assistência social conservadora, não é consanguínea com ações compensatórias. Nela a transfusão, com este tipo de sangue entra em choque. Seu tipo sanguíneo combina com proteção, segurança social, seguridade social. Vamos parar de tentar matá-la ou torná-la anêmica com tanta transfusão errada. Isso pode ser crime!

Uma triste sina acompanha a herança da menina LOAS. Virou, mexeu, querem colocá-la lado a lado com a farda militar. É preciso ter claro que ela é civil, ela é da paz e não da guerra, ela é contra a violência, sua luta é pela igualdade e pela equidade.

Foi assim que sob a ditadura do Estado Novo, em 1935, Getúlio Vargas, criou informalmente no seu gabinete uma versão do "Council of Social Service" americano, composto por representantes da sociedade que estudavam e opinavam sobre problemas sociais e subvenções a obras sociais.

Logo após, em julho de 1938, reconstrói, pelo Decreto-lei n. 525, uma forma mais duradoura, o CNSS — Conselho Nacional de Serviço Social, vinculado ao Ministério de Educação e Saúde, sob o notório Gustavo Capanema. (Figura 2)

Ataulpho de Paiva, com 71 anos, vai presidir esse CNSS, composto por sete membros que deveriam estar ligados ao Serviço Social. Stela de Faro, fundadora da Escola de Serviço Social do Rio de Janeiro (atual UERJ), militante dos movimentos de mulheres católicas, será membro: quer do anterior Conselho Consultivo, quer do novo CNSS. O Conselho têm então funções próximas às vigentes ao Serviço Social, quando de sua criação em 1936 e se propõe a fazer inquéritos sociais como os de Mary Richmond, mentora do Serviço Social como disciplina profissional.

> **DECRETO-LEI N. 525 – DE 1 DE JULHO DE 1938**
>
> Institue o Conselho Nacional de Serviço Social e fixa as bases da organização do serviço social em todo o país
>
> **Presidente da República, usando das atribuições que lhe confere o art. 180 da Constituição, DECRETA:**
>
> ...
>
> ...
>
> ...
>
> Art. 8º As despesas decorrentes da execução desta lei, no corrente exercício, correrão por conta dos recursos constantes das sub-consignações ns. 49 e 50 da verba 3º do vigente orçamento do Ministério da Educação e Saúde.
>
> Art. 9º Esta lei entrará em vigor na data de sua publicação.
>
> Art. 10º Revogam-se as disposições em contrário.
>
> Rio de Janeiro, 1 de julho de 1938, 117º da Independência e 50º da República.
>
>   GETULIO VARGAS.   GUSTAVO CAPANEMA
>   Presidente da República   Ministro da Educação e Saúde

Figura 2. Decreto Lei n. 525, de 1938.

As filiações genéticas estavam postas. Desde então, o CNSS, hoje CNAS, deveria analisar as adequações das entidades sociais e de seus pedidos de subvenções e isenções, além de dizer das demandas dos "mais desfavorecidos".

Maria Luiza Mestriner em seu doutorado nos brindou com a descoberta da primeira Ata de instalação CNSS, que assim começa: "*O Sr. Ministro Gustavo Capanema, aos cinco dias do mês de agosto de 1938, às 17 horas, em seu gabinete — no Edifício Rex, 16º andar, perante os muitos e altos funcionários do Ministério que ali se encontravam, representantes da imprensa, etc., empossou solenemente, este grupo de notáveis nas funções para as quais haviam sido distinguidos pelo governo".* (Figura 3)

> O Sr. Ministro Gustavo Capanema, aos cinco dias do mês de agosto de 1938, às 14:00 horas em seu gabinete — no Edifício Rex, 16º andar, perante os muitos e altos funcionários do Ministério, que aí se encontravam, representantes da imprensa, etc., empossou, solenemente, este grupo de notáveis, nas funções para as quais haviam sido distinguidos pelo governo.
>
> S.Exc. o Sr. Ministro Gustavo Capanema teve então oportunidade de interpretar o sentido altamente patriótico do recente decreto expedido pelo Sr. Presidente da República, criando os Serviços Sociais e estabelecendo o Conselho, ali reunido, cujas finalidades encareceu, e a cujos membros louvou, individualmente, reportando-se às atividades de cada um no terreno da ação social, e nas funções públicas de que se desincumbiram zelosamente.
>
> Exteriorizando os seus pontos de vista diante da lei, que de início considerava ampla, mas ainda não completa, S.Exc. reconheceu as dificuldades inúmeras que se apresentariam diante daqueles a quem o governo havia confiado tão importante tarefa, acrescentando, todavia, que, tinha a certeza de ver, dentro em pouco, aplainadas essas dificuldades, tamanha era a sua confiança nos propósitos que animavam àqueles que, dando ainda uma vez, as provas do seu patriotismo, aceitaram, imediatamente, a missão para que foram chamados.
>
> Demorou-se ainda, S.Exc., examinando um por um, os artigos fundamentais da lei, que reputava excelente, no seu conjunto, e concluiu por se felicitar a si mesmo, não tanto pela parte que lhe cabia, pessoalmente, disse-o S.Exc., mas justamente pela satisfação de ver ali, reunidos e animados dos mesmos propósitos de bem servir à coletividade, os cidadãos ilustres e as ilustres senhoras de cujas inspirações e decisões, dependeriam de agora por diante, os altos destinos de um pequeno serviço que, talvez de futuro, viria a ser o fundamento de uma ampla instituição social.
>
> Em nome do Conselho falou o Dr. Saboia Lima que agradeceu, inicialmente, em seu nome e interpretando os sentimentos dos seus colegas, as palavras generosas de S.Exc., passando depois, a se congratular com o Sr. Ministro e com o Governo, pela criação desse serviço, do qual esperava os melhores benefícios para as instituições destinadas ao amparo social.
>
> Durante alguns instantes, S.Exc. discorreu brilhantemente acerca dos propósitos da lei, que merecia os aplausos de quantos verdadeiramente se interessam pelos assuntos a ela correspondentes, finalizando por declarar que, de sua parte, assim como dos seus eminentes companheiros do Conselho, os poderes públicos poderiam estar certos de que, tudo fariam para corresponder à confiança que neles depositara.
>
> Nada mais havendo a tratar, S.Exc. o Sr. Ministro Gustavo Capanema deu por encerrados os trabalhos de instalação do Conselho Nacional do Serviço Social, tendo sido, por mim, Phocion Serpa, lavrada a presente ata, que assino: Aprovada em 9 de agosto de 1938. Ataulpho Napoles de Paiva — Presidente (Ata do CNSS de 5/8/38).

Figura 3. Instalação do CNSS, 1938.

A moral republicana liberal — mesclada à ditadura varguista — entende que os notáveis é que dialogariam com entidades sociais **sobre** os mais pobres. Nem pensar em relações democráticas ou na presença da voz dos usuários para dizer de si. Eles precisavam ser vocalizados por outros. É a grande e persistente desconfiança com o que dizem os usuários da assistência social que precisa ser rompida.

É bom dizer inclusive, que a menina LOAS veio para corrigir isto. Ela não pode falar só com alguns técnicos, com notáveis ou com dirigentes de organizações. Ela deve ser, pedagógica e democraticamente compelida, a dialogar com a população na ação, na decisão e na avaliação. Sua educação democrática não permite conceder que dirigentes falem pelos usuários.

A sala das falas da LOAS, mais organizada, é o CNAS, que se reproduz nos Estados e municípios como conselhos estaduais e municipais. Todavia, alguns que se consideram "adultos entendidos" e com mais capacidade para decidir, conversam na alcova e não publicamente nessa sala. É a persistência das formas, pouco educadas, em falar por traz que a menina LOAS pede e exige que acabem. Por tudo isto e mais algumas coisas, o CNAS tem sido fragilizado. Quase nada decide sobre a política pública. Para onde vai o recurso financeiro? Qual é o efetivo pacto sobre a Política Nacional de Assistência Social? Aliás, ela foi ensaiada em vários documentos, mas, até hoje não existe um compromisso para valer sobre os direitos que essa política deve assegurar.

Fico pensando se é correto ter FONSEAS, COGEMAS, Comissão Tripartite, Comissão Bipartite, para tomar decisões. Será que este modelo não tem ainda traços das velhas formas de mando? Acho que esta é uma conversa que precisa ser marcada na sala do CNAS e que pode começar a ser agendada nesta IV Conferência. Qual a democracia decisória na assistência social que desejamos para o convívio da menina LOAS? Não deveríamos ter delegações mais abertas pelos municípios e população?

Não cabe, no terceiro milênio, a permanência dos comportamentos da ditadura dos anos 30, do século passado, onde as rádios e a imprensa eram vigiadas e nem pensar na voz da população que então era denominada de povo brasileiro, isto é, massa sem identidade ou opinião. O nacionalismo dava homogeneidade a tudo. Só valia verde, amarelo, ordem e progresso. Nem sempre a parentela da LOAS encontrava condições de vida adequadas e justas sob tais cores e palavras da ditadura nacionalista.

A menina LOAS tem algumas linhas de parentesco também do lado das mulheres. Uma delas bem forte, vem da família LBA. A relação da assistência social com o sentido patriótico foi exponenciada quando Darcy Vargas, a esposa do presidente, reúne as senhoras da sociedade para acarinhar pracinhas brasileiros da FEB — Força Expedicionária Brasileira — combatentes da II Guerra Mundial, com cigarros e chocolates e instala a Legião Brasileira de Assistência — a LBA. A ideia de legião era a de um corpo de luta em campo, ação. (Figura 4)

> **LEGIÃO BRASILEIRA DE ASSISTENCIA**
>
> **EM S. PAULO**
>
> Sob o alto patrocínio da exma. sra. d. Darci Vargas e da Associação Comercial do Rio de Janeiro, acaba de ser criada, naquela Capital, a "Legião Brasileira de Assistencia".
>
> A Associação Comercial de São Paulo, em reunião de sua diretoria, deliberou unanimemente aplaudir aquela nobre iniciativa e secunda-la com entusiasmo. Por intermédio de seu presidente em exercício, dr. Lauro Cardoso de Almeida, a Associação Comercial de São Paulo comunicou essa decisão ao Interventor Federal dr. Fernando Costa e ao dr. Abelardo Vergueiro Cesar, secretario da Justiça e Negocios do Interior; e. no Rio, á sra. d. Darci Vargas e á Associação Comercial.
>
> O sr. secretario da Justiça convocou extraordinariamente o Conselho Consultivo do Departamento de Serviço Social para tomar conhecimento do assunto. Compareceram á reunião, que se realizou no gabinete de s. exa. os srs. drs. Vicente Melillo, José Pedro Galvão de Sousa, José Villac, d. Olga de Paiva Meira, Edmundo de Carvalho, Bento José de Carvalho Filho, Luiz Pereira de Campos Vergueiro, Pedro Xisto Pereira de Carvalho e Fausto Faro, diretor do Expediente do Departamento de Serviço Social, substituindo o respectivo diretor geral, dr. Oori Gomes de Amorim, que se acha ausente da capital a serviço de repartição. Compareceu, ainda, o padre Sabola de Medeiros, representando o sr. arcebispo metropolitano. O sr. secretario da Justiça comunicou ao Conselho a grande iniciativa, do mais alto sentido patriotico e humano.
>
> Por proposta do dr. Vicente Melillo, o Conselho aprovou unanimemente um voto de irrestrita solidariedade aos exmos. srs. drs. Getullo Vargas, presidente da Republica, e Fernando Costa, Interventor Federal, em razão da patriotica e desassombrada atitude do Governo Federal em face do atentado de paises estrangeiros à soberania nacional: e, ainda por proposta do dr. Vicente Melillo, o Conselho, por unanimidade, deliberou aplaudir com entusiasmo a criação da Legião Brasileira de Assistencia, á cual dará seu inteiro apoio. Essas deliberações foram transmitidas, ontem mesmo, por telegrama, aos srs. drs. Getullo Vargas, presidente da Republica, e Fernando Costa, Interventor Federal e exma. sra. d. Darci Vargas e ao sr. Manuel Ferreira Guimarães, presidente da Associação Comercial do Rio.
>
> O dr. Pedro Xisto de Carvalho fez sobre o assunto diversas considerações que serão devidamente apreciadas pelo Conselho.
>
> Decidiu mais o Conselho que a sra. d. Olga Paiva Meira se entendesse com a exma. sra. d. Anita Costa, afim de, sob o alto patrocínio da dignissima esposa do sr. Interventor Federal, cuidar-se de organizar, em São Paulo, uma entidade ligada á Legião Brasileira de Assistencia.
>
> O Conselho consultivo do Departamento de Serviço Social solicitará a colaboração das diversas instituições de beneficencia e assistencia social de S. Paulo e do interior á Legião Brasileira de Assistencia.

Figura 4. *O Estado de S. Paulo*, 28 de agosto de 1942.

Temos aqui dois fatos a acentuar: os soldados brasileiros foram combater o nazifascismo e as mulheres foram chamadas a participar desse esforço de guerra com mensagens de apoio. O considerado sucesso da empreitada legionária redirecionou no pós-guerra esse esforço para, em campo de paz, assistir às crianças e à suas mães necessitadas.

Em outubro de 1942, a legião campanhista se torna uma sociedade civil de finalidades não econômicas, voltada para "congregar as organizações de boa vontade". Aqui a assistência social como ação social é ato de vontade e não direito de cidadania. Do apoio às famílias dos pracinhas, ela vai estender sua ação às famílias da grande massa não previdenciária. Passa a atender as famílias quando da ocorrência de calamidades, trazendo o vínculo emergencial à assistência social. Agora as secas, as enchentes, entre outras ocorrências que fragilizam grupos e coletivos da população, demarcam a presença do caráter da urgência e do circunstancial no campo genético da menina LOAS.

A parentela, do lado de homens e das mulheres, da menina LOAS, como se pode perceber, nem sempre teve afinidade com uma política pública de direitos de cidadania. Modificar isto exigiu optar por uma "cirurgia" que provocasse uma mutação genético-molecular que tornasse a assistência social compatível com os múltiplos movimentos em *prol* da democracia política e social da sociedade brasileira.

As transformações genéticas

As químicas específicas dos núcleos celulares da assistência social começam a ser alteradas e espocam múltiplos agentes de transformação genética.

Ao longo dos anos a LBA vai tensionar seu caráter populista buscando alcançar uma proposta mais próxima ao Serviço Social, caminhou primeiro através da saída pela tecnocracia e não pela democracia. (Figuras 5 e 6)

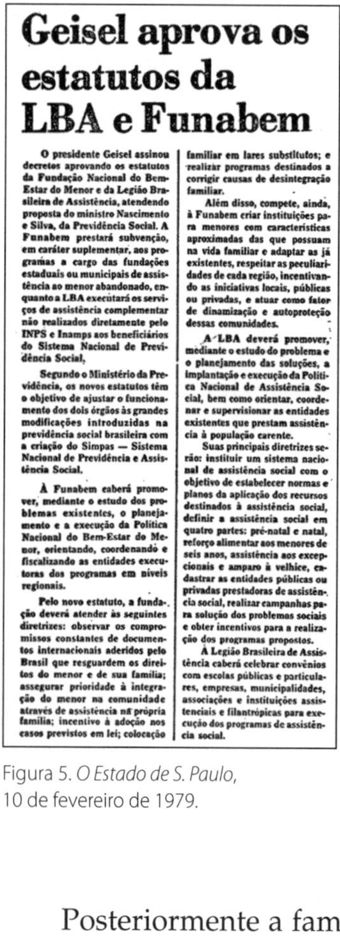

Figura 5. *O Estado de S. Paulo*, 10 de fevereiro de 1979.

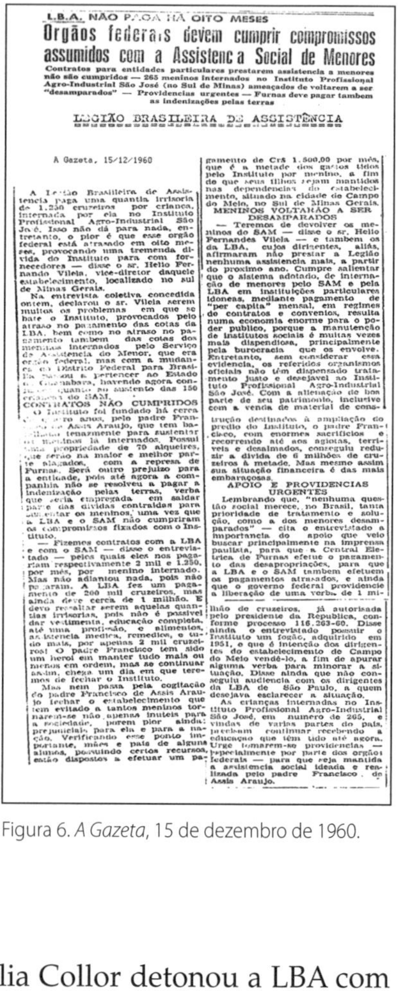

Figura 6. *A Gazeta*, 15 de dezembro de 1960.

Posteriormente a família Collor detonou a LBA com escândalos. Serão seus trabalhadores reunidos nas ASSEL-

BAs e na ANASSELBA que irão lutar pelo nascimento da LOAS e do Sistema Único de Assistência Social. Esse esforço não foi porém reconhecido. Em janeiro de 1995, quando a LBA foi extinta, seus trabalhadores foram espalhados para todos os cantos das burocracias federais. O acúmulo de conhecimentos e lutas que dispunham sobre o Brasil foi esquartejado. Salgou-se a terra onde havia produtividade de lavradores e poupou-se os que com ela tinham enriquecido politicamente e fraudulentamente operado. (Figuras 7, 8, 9, 10, 11 e 12)

Figura 7. Revista *Veja*, 1992.

PF reconstitui organograma da fraude na LBA

BRASÍLIA — No organograma elaborado pela Polícia Federal, Rosane Collor aparece como chefe da quadrilha que desviou verbas do convênio da LBA com a Associação Pró-Carente de Canapi. Como co-autora dos crimes, aparece a ex-chefe de gabinete de Rosane Maria Izabel Teixeira. Ela é ligada diretamente a Sandra Cavalcante Dias, que elaborou o projeto da Associação Pró-Carente e acompanhou todo o processo de sua aprovação na direção nacional da LBA em Brasília.

Aparecem ainda os ex-superintendentes da LBA em Alagoas, Carlos Maurício Barros de Goés e Márcio Antônio Rios, ambos nomeados por Rosane. Carlos indicou pessoalmente Márcio para substituí-lo, quando deixou a superintendência para participar da campanha do deputado federal Vitório Malta, primo de Rosane e cunhado de Sandra.

Ada Mello, prima em segundo grau de Collor, deu parecer aprovando o projeto, como gerente de programas da LBA. Leude Damasceno, gerente de administração, endossou o parecer.

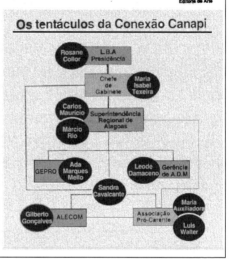

Figura 8. Revista *Veja*, 21 de outubro de 1992.

Investigação no governo
Procuradoria apura irregularidade na LBA

Procuradores da República vêem falhas em auditoria —que isenta primeira-dama— sobre supostas fraudes em AL

GUSTAVO KRIEGER
Enviado especial a Maceió

O procurador-chefe da República em Alagoas, Hélio José Tavares, afirmou que a auditoria que constatou as irregularidades na Legião Brasileira de Assistência (LBA) no Estado, mas isentou a primeira-dama Rosane Collor —que presidiu a entidade—, "é incompleta e parou onde deveria ter começado".

Ele atribui isso "ao receio dos funcionários encarregados da investigação de incriminar seus superiores". O relatório da auditoria da LBA que apontou as irregularidades é mantido em segredo pela Procuradoria e pela Polícia Federal, que conduz o inquérito.

A sindicância incriminou até o então superintendente da LBA-AL e os diretores. Acima deles na hierarquia só havia duas pessoas: a própria Rosane e o também alagoano Abílio Dantas, então vice-presidente da LBA. As investigações da Procuradoria-Geral da República apuram contratos supostamente irregulares entre a entidade e empresas de familiares da primeira-dama.

Os cinco procuradores da República que atuam em Alagoas assinaram em conjunto o pedido de abertura de inquérito policial para investigar os contratos e pedem que Rosane seja ouvida. Eles temem pressão sobre as testemunhas. Por isso tentam manter a investigação em sigilo.

O relatório da auditoria já foi examinado pelo procurador Alex Miranda. O documento constata pelo menos três casos de irregularidade envolvendo pessoas próximas a Rosane. A LBA contratou sem licitação as empresas Locadora Neto (cujo dono é o irmão Pompilho) e Construtora Malta (de Esmeralina Malta, tia de Rosane) para transportar água no sertão alagoano.

A LBA destinou ainda verbas para a Associação Pró-Carente de Canapi (AL), dirigida por uma prima de Rosane. Os projetos financiados não foram realizados, mas as verbas desapareceram.

Os procuradores prevêem a possibilidade de enquadramento dos responsáveis em vários tipos de crime. Os dirigentes da LBA, se as suspeitas forem comprovadas, podem ser acusados de peculato, crime cometido pelo funcionário público que se apropria ou desvia para terceiros verbas ou patrimônio público. A pena varia de dois a 12 anos de prisão.

Outras possibilidades de enquadramento, conforme os rumos da investigação, são os crimes de corrupção (com pena de um a oito anos), de prevaricação (com pena de três meses a um ano).

Mesmo que não se comprove a participação direta dos dirigentes da LBA nas irregularidades, eles podem ser acusados de "condescendência criminosa" (pena de 15 dias a um mês de prisão).

Figura 9. *Folha de S.Paulo*, 13 de fevereiro de 1992.

COMISSÃO ESTUDA FIM DO MINISTÉRIO DO BEM-ESTAR SOCIAL

PROJETO PODE TRAZER ECONOMIA DE US$ 1 BILHÃO ANUAL

O Ministério do Bem-Estar Social e a Legião Brasileira de Assistência (LBA) poderão ser extintos ainda no governo Itamar Franco. A idéia vem sendo amadurecida no Congresso e poderá ser sugerida ao presidente com o projeto de lei que regulamenta o capítulo constitucional da seguridade social. O projeto está sendo elaborado pela Comissão de Seguridade Social e Família da Câmara. A regulamentação foi exigida pela Procuradoria Geral da República, que moveu no Supremo Tribunal Federal ação direta de inconstitucionalidade por omissão contra os poderes Legislativo e Executivo. O texto final deverá ser votado na quarta-feira e enviado ao plenário para votação em regime de urgência urgentíssima.

Símbolo de corrupção, assistencialismo e clientelismo político, o antigo Ministério da Ação Social, com seus órgãos vinculados (LBA, CBIA e Corde), atingiu o auge do desgaste durante o governo Collor. Estima-se que só na gestão de Rosane Collor, a LBA tenha dado prejuízo superior a US$ 500 milhões aos cofres públicos por conta de desvios e malversações. O orçamento global do Ministério em 93 é de US$ 2,3 bilhões. Mas, viciada e ineficiente, a atual estrutura não teria condições de coordenar as ações destinadas a reverter o quadro de miséria do País.

Rosane: prejuízos.

Caso haja consenso quanto à extinção, a nova estrutura assistencial ficaria diretamente ligada ao Palácio do Planalto, ou seria transferida para o Ministério da Previdência ou para o do Trabalho. Em qualquer das hipóteses, inclusive a de não extinção, a nova estrutura será coordenada pelo Conselho Nacional de Assistência Social, integrado por nove membros da sociedade civil e nove do governo. Estima-se que a extinção trará economia de pelo menos US$ 1 bilhão anual à União e os programas sociais ganharão eficiência, segundo técnicos que trabalharam na análise do projeto.

Com a criação da Lei Orgânica da Assitência Social (Loas), prevista no projeto, a idéia, segundo a relatora Fátima Pelaes (PFL-AP), é promover mudanças drásticas no conceito, na abrangência e na eficácia da assistência social, que só beneficia o universo de contribuintes da Previdência. Pela proposta em elaboração, a Loas estenderá a assistência "a quem dela necessitar", independentemente de contribuição, com um salário mínimo de 80 dólares (cerca de CR$ 9.600,00) para quem não tem renda alguma ou quase.

Desse modo, segundo Pelaes, serão beneficiadas as populações marginalizadas, que se encontram fora do mercado formal de trabalho e, consequentemente, alijadas do direito aos benefícios previdenciários, já que não são contribuintes. A concessão de um salário mínimo beneficiará a 484 mil idosos e 120 mil deficientes excluídos do sistema previdenciário, produzindo um impacto de US$ 580 milhões no orçamento da União, aproximadamente 0,2%. As fontes de financiamento estão previstas pela Loas dentro do próprio orçamento da seguridade social.

Uma questão a resolver até quarta-feira é a fixação da idade mínima para os idosos carentes receberem o benefício. Itamar propôs 70 anos, mas há consenso entre os elaboradores do projeto para que a idade seja fixada em 65 anos, equivalente por sinal à expectativa de vida da população carente brasileira. Pelaes pensa em uma proposta alternativa, fixando a idade mínima em 70 anos, imediatamente, mas reduzindo-a a cada ano até chegar aos 65 anos.

A nova estrutura da seguridade social estabelece como metas "a proteção à família, à infância, à adolescência e à velhice, além do amparo às crianças e adolescentes carentes". Prevê também ações para reabilitação e integração de pessoas de deficientes ao mercado de trabalho.

Vannildo Mendes/AE

Figura 10. *Folha de S.Paulo*, 20 de agosto de 1993.

Rosane dá presentes com verba da LBA

PF de Alagoas reúne documentos que revelam que a primeira-dama usou dinheiro para presentear parentes

AMAURY RIBEIRO JR.
Da Agência **Folha**, em Maceió

A Polícia Federal de Alagoas reuniu documentos e notas fiscais que revelam que a primeira-dama Rosane Collor deu presentes aos seus pais e parentes com verbas da Legião Brasileira Assistência.

Entre os documentos, se encontra uma autorização da LBA para o pai de Rosane Collor, João Alves Malta, retirar um par de óculos importado na ótica Sião, de Maceió. A PF dispõe ainda de documentos que comprovariam que a LBA autorizou parentes da primeira-dama a comprarem enxovais de noiva e de bebê.

Rosane foi presidente da entidade até agosto de 91, quando decidiu se afastar admitindo a existência de irregularidades.

Segundo a PF, os óculos adquiridos pelo pai da primeira-dama, um dos fazendeiros mais ricos do município de Canapi, valem Cr$ 660 mil. Com esse dinheiro, a LBA poderia doar cerca de 35 óculos simples a pessoas carentes com problemas visuais.

A autorização para a retirada dos óculos consta em um dos oito inquéritos da PF que apura irregularidades na LBA, a que a **Folha** teve acesso ontem.

No inquérito, está anexada à autorização uma receita médica e uma nota fiscal emitida pela ótica Sião. A autorização dá direito ao pai da primeira-dama de adquirir um par de óculos e uma lente de sua escolha na ótica.

A PF apurou também que a ótica Sião vendia óculos e outros objetos à LBA sem concorrência. A PF vai intimar a proprietária da ótica, Claudente Gomes Vieira, para prestar depoimento.

As denúncias envolvendo diretamente a primeira-dama levaram o delegado Hélio Motta a Brasília. Ele está tentando, sem sucesso, marcar o depoimento de Rosane.

Na quinta-feira da semana passada, o delegado Motta telefonou de Brasília para o procurador da República em Alagoas, Alex Amorim Miranda, dizendo que estava encontrando dificuldades para ouvir Rosane Collor. O procurador viajou para Brasília, onde solicitou a ajuda do procurador geral da República, Aristides Junqueira. A PF espera ouvir Rosane para depois poder intimar o pai.

Pai quer permanecer isolado

Da Agência **Folha**, em Maceió

A diretora da Ótica São Sião, Claudete Viana, disse que desconhece a venda de óculos em nome de João Alvino Malta. Ela disse ainda que a respeito das denúncias envolvendo a ótica ela só falará à Polícia Federal.

Procurado ontem pela **Folha**, o pai de Rosane Collor não foi encontrado. Segundo a empregada da casa, João Alvino Malta se encontra na fazenda de sua propriedade. Anteontem, ele disse à Folha, em sua fazenda, que tinha se isolado da cidade depois que surgiram as denúncias. (ARJ)

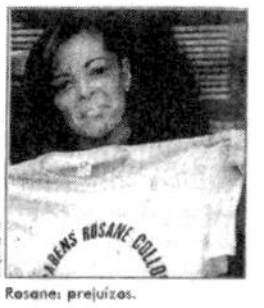

Figura 11. *Folha de S.Paulo*, 2 de julho de 1992.

Figura 12. *Veja*, 21 de outubro de 1992.

A dura realidade brasileira da impunidade deixa lágrimas na menina LOAS.

É bom ter sempre presente o escândalo Collor. A mãe Leda foi presidente da LBA de Alagoas quando seu filho governava o Estado e a dona Rosane dirigia a Soprobem (de quem?), encarregada de desenvolver a assistência social no Estado. O jornalista Guilherme Evelin informou, no jornal *O Estado de S. Paulo*, que Rosane Collor deu emprego em Alagoas a 19 sobrenomes idênticos ao dela. Fato que vai se repetir mais tarde em Brasília quando preside a LBA Nacional.

A menina LOAS sabe muito bem que uniões consanguíneas tem efeitos os piores possíveis para sua vida. Todavia, as tradições patrimonialistas brasileiras insistem. Ela resiste, mas ainda esposas de prefeitos e de governadores não aprenderam as lições de justiça do direito social. É preciso demandar uma campanha de saúde política que proíba a continuidade de incestos institucionais. Eis outro bom ponto de agenda.

Em 1º de maio de 1974 a assistência social federal ganha um novo lugar. A ditadura militar insinuando um processo de abertura cria, sob o Gen. Ernesto Geisel, o Ministério da Previdência e Assistência Social. Antes disso, há só o Ministério do Trabalho e Previdência. Arnaldo da Costa Pietro é designado ministro.

O CBCISS publica, sob a orientação de Lucena Dantas, o documento: "*Alternativas da Política Assistencial Brasileira*". Os assistentes sociais, envolvidos com o processo de Reconceituação do Serviço Social, lembram do conceito de "situação-social-problema" com que Dantas ocupou espaço nos documentos históricos de Araxá e Teresópolis que à época, vão tentar conciliar o Serviço Social com o emergente nacional-desenvolvimentismo. A chamada "via de modernização" profissional vai conflitar com os então emergentes movimentos sociais que tensionavam e vinculavam as democracias sociais e políticas para o retorno ao Estado de Direito no Brasil e na América Latina. A velha ideologia do Serviço Social era posta em questão e a defesa de uma sociedade justa, igualitária com decisão popular era fundamental. O lema era: "de costas para o Estado e de frente e mãos dadas com a população". (Figura 13)

O silêncio dessa Secretaria Nacional de Assistência Social da ditadura militar foi quebrado em 1984 pelo mur-

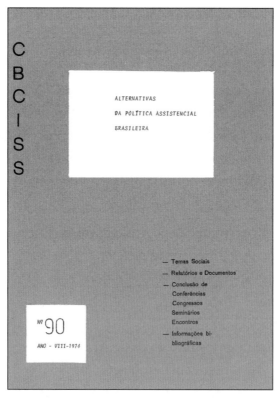

Figura 13. Centro de Cooperação e Intercâmbio de Serviço Social, 1974.

múrio de uma Proposta Nacional de Assistência Social que não recebeu qualquer eco. As negociações pela Nova República, já em curso, vão aliançar militantes da Reforma da Previdência e da Saúde com Raphael Almeida Magalhães, Tancredo Neves, Waldir Pires e a presença da Abrasco — Associação Brasileira de Saúde Coletiva que vai incentivar o dever de Estado para com as políticas de proteção social. (Figura 14)

Esta influência de marcada proposição de política pública e garantia de direitos sociais tem em Sônia Fleury Teixeira, da Fiocruz e FGV, uma interlocutora sobre as

SERVIÇO PÚBLICO FEDERAL

PROPOSTA DE POLÍTICA NACIONAL
DE ASSISTÊNCIA SOCIAL

CARLOS ANTONIO DE SOUZA DANTAS
SECRETÁRIO DE ASSISTENCIA SOCIAL/MPAS

Figura 14. CNAS, 15 de outubro de 1984.

novas relações institucionais e políticas entre Previdência e Assistência Social. Nas revistas de *Economia Política* e na *Revista Dados*, já em 1984, lança o debate sobre Previdência *versus* Assistência Social.

Indica de saída, que é superficial e enganosa a tendência principal do debate, em centrar a discussão entre assistência e previdência no âmbito contábil, financeiro e institucional. Aponta ser este caminho parcial, pois coloca de lado a definição de *"uma estratégia global de política social pelo Estado, imprescindível na conjuntura atual da revisão de inclusão e exclusão das demandas sociais dos grupos menos privilegiados"*. Diga-se aqui, que a frase de 1984 tem plena atualidade após quase vinte anos, pois a questão não foi até hoje encaminhada a contento ou à conclusão.

Acresce Fleury: ambas, previdência e assistência social, são partes da relação, entre Estado e classes trabalhadoras, denominada política social pública.

Na ocasião tenta questionar a separação dos benefícios entre as duas áreas pelo tipo de população beneficiada e pelo tipo de benefício oferecido. O Cel. Jarbas Passarinho, ministro da Previdência e Assistência social, dizia que o crescimento da Renda Mensal Vitalícia, criada então há 10 anos, era um benefício da assistência no interior dos gastos da Previdência e tinha um crescimento desmedido. Como se vê, uma antiga queixa de natureza contábil dificulta o acesso aos direitos à proteção social pelos não securitários. Lembremos que é fácil ouvir-se hoje lamúrias idênticas e de resistência conservadora, contra o BPC.

Em 1985 o I PND — Plano Nacional de Desenvolvimento da Nova República particulariza a assistência social como política pública, reconhece o usuário como sujeito de direitos, sugere que seja ampliada sua participação e realizada a ruptura com a leitura caritativa e tutelar com que a assistência social era tradicionalmente gerida. (Figura 15)

> **VIII – ASSISTÊNCIA SOCIAL**
>
> A assistência social apresenta-se hoje particularmente problemática. O empobrecimento da população e as dificuldades de acesso aos serviços sociais básicos vêm ampliando a demanda por serviços assistenciais. Mas as instituições governamentais dedicadas à assistência têm seus recursos financeiros reduzidos.
>
> Outros problemas vêm sendo identificados. Entre eles, a falta de política global de assistência social que oriente as ações das instituições públicas e privadas. Inexistem mecanismos de articulação das diferentes instituições assistenciais entre si e com as demais da área social, inclusive entre as esferas governamentais. Há excessiva centralização e burocratização na condução dos programas. São adotados modelos e estratégias inadequadas, às vezes paternalistas, às vezes repressivas e, geralmente, atuando sobre grupos e categorias da população de forma isolada de seu meio familiar e comunitário.
>
> **1. DIRETRIZES BÁSICAS**
>
> A assistência social deve voltar-se para as populações mais carentes de alimentação, saúde, educação e emprego, privações que configuram o círculo vicioso da miséria onde a família, unidade social básica, é a mais lesada. As crianças carentes, de até seis anos, — mais de 11 milhões — são as mais atingidas. Identificar meios capazes de garantir, num primeiro momento e simultaneamente, sobrevivência biológica e crescimento harmônico na família será a principal diretriz governamental para a assistência social nos próximos anos.
>
> A família, sobretudo a que se encontra no limite crítico de sobrevivência, é unidade bastante marcada pelas dificuldades de natureza sócio-econômica. Os programas sociais tendem a considerá-la de forma fragmentária, oferecendo apoio eventual a seus filhos e isolando-os do convívio com os pais. Perde-se muitas vezes a própria integridade familiar, cabendo à mãe o papel de efetivamente cuidar de todas as necessidades da prole. Recuperar a família como unidade de satisfação das necessidades básicas do ser humano, principalmente as do menor carente, é diretriz fundamental da condução dos programas assistenciais.
>
> Assim, pretende-se corrigir a distorção que representa manter a criança interna em instituições e reforçar a importância da prevenção na política assistencial do governo. Estudos recentes indicam que qualquer ação de atendimento preventivo custa pelo menos dez vezes menos do que o atendimento institucional. Nos projetos tipo "Meninos de Rua" o custo chega a ser 15 vezes menor.

Figura 15. Plano Nacional de Desenvolvimento, 1985.

Ao mesmo tempo, em 1985, o presidente José Sarney anuncia a constituição do novo Ministério da Ação Social, formado pela FLBA, FUNABEM e Projeto Rondon, o que não se consolida, como várias das promessas da Nova República. Neste momento, em contralógica, sua esposa Marly Sarney dirige a LBA.

A Secretaria Nacional de Assistência Social, seguindo a trajetória das Reformas da Previdência e da Saúde agora comandada por José Almino, busca agregar conhecimentos e pesquisas sobre a Assistência Social para lhe assegurar uma nova base de qualidade e conhecimento científico para decisão. Aliás, até hoje, essa base científica necessária não se instalou em âmbito nacional. Não há alianças da gestão nacional da assistência com a produção de conhecimentos sobre a população com que trabalha. Prevalece o ensaio e erro, o que é lamentável.

A PUC São Paulo, afinada com esse momento histórico desde 1984, vinha realizando estudos sobre a assistência social divulgado, em 1985, pelo livro *Assistência na Trajetória das Políticas Sociais Brasileiras — uma questão em análise*, que até hoje é referência histórica e de estudo sobre o tema. O texto, com os limites de um debate inaugural, se propôs a fundamentar a assistência social como objeto de estudos e pesquisas. (Figura 16)

A SAS — Secretaria Nacional de Assistência Social provoca seminários, cria linhas de financiamento de pesquisa nos órgãos científicos federais. Reúne em Brasília

Figura 16. Academia, 1985.

e no Rio de Janeiro para diálogo, a FINEP e o CNPq para ampliar seus compromissos com a assistência social. (Figura 17)

Figura 17. Seminário sobre políticas de bem-estar social, 1986.

Ideias sobre o nascimento da menina LOAS começam a criar referencial na comunidade científica. O apoio científico vai ser um necessário ácido para a mutação genética da assistência social e múltiplos debates em vários pontos do país.

A LBA, através da Secretaria de Apoio Comunitário, chefiada por Tereza Duere desencadeia, em dezembro de 1987, investigação nacional sob a coordenação, pela LBA, através de Rute Gusmão e pela PUC-SP por Maria do Carmo Brant de Carvalho e Aldaíza Sposati. A pesquisa participativa sob o objeto *"LBA — Identidade e Efetividade das Ações no Enfrentamento da Pobreza Brasileira"*, cria núcleos de pesquisadores do Amapá ao Rio Grande do Sul. Através deles, líderes comunitários, técnicos e usuários de todo o Brasil se reúnem e debatem, formando opinião sobre a assistência social como direito e política pública. A Direção Nacional da LBA e suas Secretarias põem em questão a gênese do órgão e a necessidade de lhe dar um novo destino. (Figura 18)

Figura 18. LBA, 1989.

Múltiplas articulações e debates, vão sendo realizados país afora. O Serviço Social põe sua força em campo para fortalecer o nascimento dessa política no campo democrático dos direitos sociais.

Nova República e a Assistência Social

1986 — Comissão de Apoio à Reestruturação da Assistência Social (portaria n. 3.764, de 21 de maio de 1986).

1986 — O CENDEC (Centro de Treinamento para o Desenvolvimento Econômico)/PNUD (Políticas das Nações Unidas para o Desenvolvimento) — Seminário sobre Políticas de Bem-Estar Social (1 a 3 de abril de 1986), que trouxe pela primeira vez elementos para o debate sobre a assistência social como uma política de cidadania.

1986 — Brasília — Secretaria Nacional de Assistência Social do MPAS — *Grupo Interministerial de Pesquisa* (outubro de 1986), que definiu linhas de investigação sobre a assistência social, partindo inclusive do conceito de assistência social pautado no trato dos desiguais.

1986 — São Paulo — Secretário de Estado de Promoção Social, que se põe em movimento na direção de processar uma articulação governamental com as políticas de assistência social. Com a contribuição de consultores, elabora o documento básico: "Desafios Atuais para a Assistência Social: A Busca de Alternativas" (Karsch, Cohn e Draibe).

1986 — Brasília — Estruturação da Secretaria de Assistência Social no Ministério de Previdência e Assistência Social.

1986 — Recife UFPE/Departamento de Serviço Social e LBA — Seminário Nacional.

1986 — São Paulo — PUC-SP — Pós-Graduação de Serviço Social e ASSELBA/SP — I Seminário Nacional sob "As Políticas Sociais da Nova República: Transformação da Assistência Social no País".

1986 — Florianópolis — UFSC/Serviço Social — I Simpósio de Assistência Social Pública — Região Sul, Florianópolis — Revisão da prática profissional, especialmente para a região sul, permitiu ampla discussão das questões relacionadas à práxis da assistência social.

1987 — Rio de Janeiro — Finep cria as bases para um programa de pesquisas sobre a criança e o jovem de baixa renda, buscando viabilizar a investigação no campo da assistência social.

1987 — São Paulo — Convênio de pesquisa PUC-SP/LBA/SAI/DN, que permitiu a análise da identidade e efetividade das políticas de assistência social.

1987 — Brasília — ANAS (Associação Nacional de Assistentes Sociais) — Seminário "O Serviço Social nas Relações Sociais, movimentos populares e alternativas de políticas sociais".

1987 — Florianópolis — I Encontro de Assistentes Sociais das Prefeituras de Santa Catarina.

1987 — Brasília — Câmara dos Deputados — I Simpósio Nacional sobre a Assistência Social.

Pós-Constituição

1988 — Brasília — CEDEPSS/CFESS — Associação Brasileira de Ensino em Serviço Social — numa contribuição ao CNPq, propõe um programa de pesquisa: A questão social e a assistência social no Brasil.

1990 — Recife — CRAS, 4ª Região — 16 a 19 de setembro — I Seminário Estadual sobre Seguridade Social com o objetivo de propiciar aos trabalhadores da Seguridade Social informações, debates e instrumentação para a sua intervenção prática.

1990 — Rio de Janeiro — CBCISS — Encontro de Entidades de Bem-Estar Social, de Pesquisa Social e das Ciências Humanas e Sociais.

As Asselbas e a Anasselba — Associação Nacional dos Servidores da LBA se põem em articulação gerando debates, documentos, posicionamentos, proposições. O MPAS cria Comissão de Apoio à Reestruturação da Assistência Social. (Figuras 19 e 20)

Figura 19. ASSELBA-SP, julho de 1986.

Figura 20. MPAS, 21 de maio de 1986.

O momento constituinte acelera articulações e, em outubro de 1988, a Assistência Social é reconhecida como direito à seguridade social pelos artigos 203 e 204 da Constituição. (Figuras 21 e 22)

Fundado em Barroso Leite, o relator senador Almir Gabriel afirma que *"o conceito de seguridade social envolve a ideia de cobertura da população inteira em relação aos direitos sociais, considerados dever do Estado, independentemente da capacidade contributiva do indivíduo"*. (Figura 23)

Figura 21. Deputado Federal Ulisses Guimarães, 1988.

Figura 22. Constituição, 1988.

Assistência social:

1. É imperativa a inclusão das políticas assistenciais na nova Carta constitucional, já que mais da metade da população brasileira pode ser considerada candidata a programas assistenciais, como a única maneira de garantir os seus direitos sociais básicos. "Hoje é possível afirmar-se, sem receio de contestação, que o Brasil é, realisticamente analisado, um país majoritariamente miserável, bem mais do que apenas pobre, ou mesmo indigente" (Jaguaribe et alii, 1986:66).

Estaria, no momento, em situação de miséria cerca de 42% da população total do país. Se a esse índice somar-se o que pode ser considerado como situação de pobreza tem-se mais 22%. Quase 65% da população brasileira pode, portanto, ser considerada pobre ou miserável (Brasileiro e Mello, 1987).

Figura 23. Comissão da Ordem Social da Assembleia Constituinte, 1988.

CONSTITUIÇÃO FEDERAL DE 1988

Art. 203 A assistência social será prestada a quem dela necessitar, independentemente de contribuição à seguridade social, e tem por objetivos:

I — a proteção à família, à maternidade, à infância, à adolescência e à velhice;

II — o amparo às crianças e adolescentes carentes;

III — a promoção da integração ao mercado de trabalho;

IV — a habilitação e reabilitação das pessoas portadoras de deficiência e a promoção de sua integração à vida comunitária;

V — a garantia de um salário mínimo de benefício mensal à pessoa portadora de deficiência e ao idoso que comprovem não possuir meios de prover à própria manutenção ou de tê-la provida por sua família, conforme dispuser a lei.

Art. 204 As ações governamentais na área da assistência social serão realizadas com recursos do orçamento da seguridade social, previstos no art.195, além de outras fontes, e organizadas com base nas seguintes diretrizes:

I — descentralização político-administrativa, cabendo a coordenação e as normas gerais à esfera federal e a coordenação e a execução dos respectivos programas às esferas estadual e municipal, bem como a entidades beneficentes e de assistência social;

II — participação da população, por meio de organizações representativas, na formulação das políticas e no controle das ações em todos os níveis.

A apresentação de motivos para a inclusão da assistência social na Constituição repudia o conceito de população beneficiária como marginal ou carente, o que seria vitimizá-la, pois suas necessidades advêm da estrutura social e não do caráter pessoal.

É interessante registrar que em 1988 no Brasil é necessário ainda justificar a responsabilidade social pela destituição. Rountree já fizera esse percurso na Inglaterra em 1903. Aqui a menina LOAS é ainda chamada de menor carente. Direito a ser criança e desejo de ser adolescente, como ser de direito é ainda condição não assumida de vez por todas pela sociedade.

Agora, por exemplo, no começo do terceiro milênio volta ser discutida a redução da idade de maioridade penal. Querem penalizá-la mais uma vez. Realmente a trama histórica não lhe é nada fácil.

A necessidade da criação de um sistema de assistência social descentralizado, participativo e com garantias de alocação dos recursos financeiros, superação da fragmentação, da descoordenação, da superposição de programas sociais, introdução do controle do setor público sobre os recursos repassados às entidades privadas com mecanismos de avaliação e controle social, são todas demandas que aparecem na argumentação do Senador e relator da Constituição com todas as letras e fontes de consulta. Por incrível que possa parecer são temas que permanecem sem solução após 15 anos.

A justificativa da lei é clara, caracteriza segmentos em risco e vulnerabilidades: famílias com renda *per capita* de até meio salário mínimo; crianças, mulheres e idosos sem condições de autonomia e o "povo da rua". O parecer do relator, se de fato estivesse aplicado, não teríamos presente até hoje, vários impasses na gestão da assistência social como política de direitos.

Talvez um químico genético diria que, todos estes movimentos nos núcleos celulares da menina LOAS, em vez de serem moléculas ácidas, foram somente proteínas que sustentaram sua mesma gênese e pouco foram capazes de instalar mudanças genéticas, já que as acidulações pretendidas não ocorreram. A velha regra conservadora brasileira persiste. Tudo é bem posto no papel, mas as forças sociais conservadoras permanecem analfabetas para tais ideias e compromissos.

A gestação da LOAS

Esta viagem ao passado genético da menina LOAS é precursora de seu nascimento. É bom que se diga, indesejado por alguns.

O pós-Constituição antes de mais nada vai ser marcado pela luta das eleições diretas para presidente da República. A última em 1961, fazia de grande parte da população, seres desejantes do exercício democrático em votar pela primeira vez no presidente da República. Eram 28 anos sem escolha democrática.

A imediata repercussão da Constituição com o retorno ao Estado de Direito ainda era hipótese democrática. Só ao final de 1989 é que ocorre as eleições para presidente da República e o país vai ser catalizado entre as candidaturas de Lula e Collor.

É só, em 1990, que reiniciam as contrações pré-parto para consolidar a democracia social com novo Congresso eleito que vai aprovar várias leis regulamentadoras:

- 1989 — Lei n. 7.853, da Pessoa Portadora de Deficiência; (Figura 24)
- 1990 — Lei n. 8.069, Estatuto da Criança e do Adolescente; (Figura 25)
- 1990 — Lei n. 8.080, Lei Orgânica da Saúde; (Figura 26)
  — Lei n. 8.142, Sistema Único de Saúde. (Figura 27)

A ansiedade pelo nascimento da menina LOAS gera novas forças na sociedade brasileira. Seus interlocutores já possuíam vida enquanto ela aguardava.

Os movimentos pró-assistência social passam a ser articulados com a presença de órgãos da categoria dos assistentes sociais que, através do então CNAS e CEFAS

LEI Nº 7.853, de 24 de outubro de 1989

Dispõe sobre o apoio às pessoas portadoras de deficiência, sua integração social, sobre a Coordenadoria Nacional para Integração da Pessoa Portadora de Deficiência - Corde, institui a tutela jurisdicional de interesses coletivos ou difusos dessas pessoas, disciplina a atuação do Ministério Público, define crimes, e dá outras providências.

O presidente da República, faço saber que o Congresso Nacional decreta e eu sanciono a seguinte Lei:

Art. 1º • Ficam estabelecidas normas gerais que assegurem o pleno exercício dos direitos individuais e sociais das pessoas portadoras de deficiências, e sua efetiva integração social, nos termos desta Lei.

⋮

Art. 18 • Os órgãos federais desenvolverão, no prazo de 12 (doze) meses contado da publicação desta Lei, as ações necessárias à efetiva implantação das medidas indicadas no art. 2º desta Lei.

Art. 19 • Esta Lei entra em vigor na data de sua publicação.

Art. 20 • Revogam-se as disposições em contrário.

Brasília, 24 de outubro de 1989

Figura 24. Lei n. 7.853, 1989.

LEI Nº 8.069, de 13 de julho de 1990

Dispõe sobre o Estatuto da Criança e do Adolescente e dá outras providências.

O presidente da República, faço saber que o Congresso Nacional decreta e eu sanciono a seguinte Lei:

TÍTULO I
Das Disposições Preliminares

Art. 1º • Esta Lei dispõe sobre a proteção integral à criança e ao adolescente.

Art. 2º • Considera-se criança, para os efeitos desta Lei, a pessoa até doze anos de idade incompletos, e adolescente aquela entre doze e dezoito anos de idade.

Parágrafo único. Nos casos expressos em lei, aplica-se excepcionalmente este Estatuto às pessoas entre dezoito e vinte e um anos de idade.

⋮

Art. 267 •Revogam-se as Leis n.º 4.513, de 1964, e 6.697, de 10 de outubro de 1979 (Código de Menores), e as demais disposições em contrário.

Brasília, 13 de julho de 1990

Figura 25. Lei n. 8.069, 1989.

LEI Nº 8.080, de 19 de setembro de 1990

Dispõe sobre as condições para a promoção, proteção e recuperação da saúde, a organização e o funcionamento dos serviços correspondentes e dá outras providências.

Presidente da República, faço saber que o Congresso Nacional decreta e eu sanciono a seguinte Lei:

Art. 1º • Esta lei regula, em todo o território nacional, as ações e serviços de saúde, executados isolada ou conjuntamente, em caráter permanente ou eventual, por pessoas naturais ou jurídicas de direito Público ou privado.

TÍTULO I
Das Disposições Gerais

Art. 2º • A saúde é um direito fundamental do ser humano, devendo o Estado prover as condições indispensáveis ao seu pleno exercício.

⋮

Art. 54 • Esta lei entra em vigor na data de sua publicação.

Art. 55 • São revogadas a Lei nº. 2.312, de 3 de setembro de 1954, a Lei nº. 6.229, de 17 de julho de 1975, e demais disposições em contrário.

Brasília, 19 de setembro de 1990

Figura 26. Lei n. 8.080, 1990.

LEI Nº 8.142, de 28 de dezembro de 1990

Dispõe sobre a participação da comunidade na gestão do Sistema Único de Saúde (SUS) e sobre as transferências intergovernamentais de recursos financeiros na área da saúde e dá outras providências.

O presidente da República, faço saber que o Congresso Nacional decreta e eu sanciono a seguinte Lei:

Art. 1º • O Sistema Único de Saúde (SUS), de que trata a Lei nº 8.080, de 19 de setembro de 1990, contará, em cada esfera de governo, sem prejuízo das funções do Poder Legislativo, com as seguintes instâncias colegiadas:

I - a Conferência de Saúde; e
II - o Conselho de Saúde.

⋮

Art. 5º • É o Ministério da Saúde, mediante portaria do Ministro de Estado, autorizado a estabelecer condições para aplicação desta lei.

Art. 6º • Esta lei entra em vigor na data de sua publicação.

Art. 7º • Revogam-se as disposições em contrário.

Brasília, 28 de dezembro de 1990

Figura 27. Lei n. 8.142, 1990.

— hoje CRESS e CFESS — vão se movimentar com a ANASSELBA, Frente Nacional de Gestores Municipais e Estaduais, Movimentos pelos Direitos das Pessoas com Deficiência, dos Idosos, das Crianças e Adolescentes, pesquisadores de várias universidades pleiteando a regulamentação da assistência social. (Figuras 28, 29, 30, 31 e 32)

Figura 28. Julho de 1990.

Figura 29. maio/junho/1989.

Figura 30. ASSELBA, novembro de 1990.

> **I SEMINÁRIO NACIONAL DOS ESTADOS E MUNICÍPIOS SOBRE POLÍTICAS SOCIAIS**
>
> FRENTE SOCIAL DOS ESTADOS E MUNICÍPIOS
>
> DECLARAÇÃO DO RIO DE JANEIRO
>
> MUNICIPALIZAR É PRECISO
>
> 1. Vivemos num país de desigualdades que se aprofundam. Esta é uma nação, cujo panorama social esmaga a maioria do povo e choca a consciência dos cidadãos. Os alarmantes índices sociais – abandono infantil, desnutrição, analfabetismo, desabrigo, desemprego, mortalidade, urbanização caótica, ausência de políticas sociais consistentes e de longo prazo-chamam a atenção do mundo e colocam o Brasil no grupo de países onde é mais gritante a concentração de renda nas mãos de poucos e a disseminação da pobreza para a maioria do povo brasileiro.
>
> 2. Em meio a tão intensas necessidades, atuam, no âmbito governamental – federal, estadual, municipal – estruturas dedicadas à assistência social, isto é, destinadas a compensar as consequências dos processos de exclusão social determinados pelos modelos político e econômico praticados no país, agravados pela política recessiva do atual governo. A tarefa da ação social, hoje constitucionalmente exigida dos municípios, transformam-se assim numa batalha sem fim, pela dimensão das carências sociais crescentes ante a limitação dos recursos e inexistência de um sistema articulado que possa dar resposta eficiente a tais necessidades.

Figura 31. Dezembro de 1990.

> ## UMA PROPOSTA DOS MUNICÍPIOS PARA A LEI ORGÂNICA DA ASSISTÊNCIA SOCIAL
>
> Esta contribuição resgata a proposta original da LEI ORGÂNICA, já aprovada na Câmara e, posteriormente, vetada. Inclui algumas emendas que acentuam a visão dos municípios. Ao apresentá-la, a Coordenação da FRENTE SOCIAL DOS MUNICÍPIOS FLUMINENSES ressalva que este é apenas um dos aspectos do conjunto de Leis necessárias a formulação de uma POLÍTICA NACIONAL moderna e democrática na área social.
>
> **FRENTE SOCIAL DOS MUNICÍPIOS FLUMINENSES**
>
> Rio de Janeiro, Dezembro de 1990

Figura 32. Dezembro de 1990.

O IPEA, através de comissão própria, inicia o trabalho de construção do projeto de lei orgânica da assistência social. Aqui uma das parteiras da LOAS, Potyara Pereira, analista de políticas sociais, elabora os princípios e diretrizes da assistência social até hoje vigentes em texto legal.

O primeiro projeto aprovado pelo Legislativo em 1990 foi vetado por Fernando Collor e já continha esse conjunto de ideias. A primeira gestação da menina LOAS teve aborto provocado. Mas, o processo social era extremamente fecundante e se fortaleceu na luta. Em seu veto Collor afirma que a proposição não estava vinculada a uma assistência social responsável. É realmente paradoxal. (Figura 33)

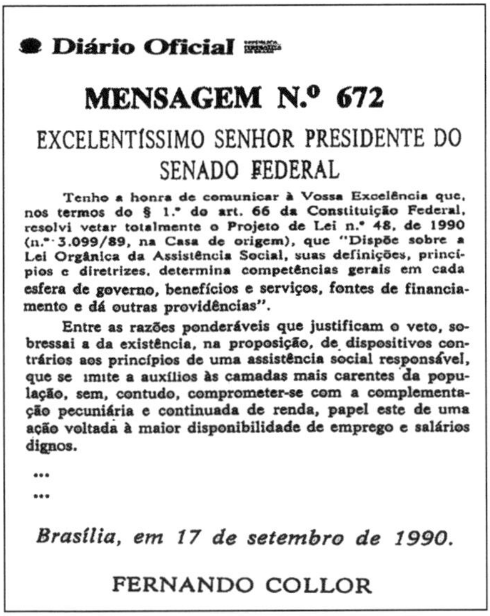

Diário Oficial

MENSAGEM N.º 672

EXCELENTÍSSIMO SENHOR PRESIDENTE DO SENADO FEDERAL

Tenho a honra de comunicar à Vossa Excelência que, nos termos do § 1.º do art. 66 da Constituição Federal, resolvi vetar totalmente o Projeto de Lei n.º 48, de 1990 (n.º 3.099/89, na Casa de origem), que "Dispõe sobre a Lei Orgânica da Assistência Social, suas definições, princípios e diretrizes, determina competências gerais em cada esfera de governo, benefícios e serviços, fontes de financiamento e dá outras providências".

Entre as razões ponderáveis que justificam o veto, sobressai a da existência, na proposição, de dispositivos contrários aos princípios de uma assistência social responsável, que se limite a auxílios às camadas mais carentes da população, sem, contudo, comprometer-se com a complementação pecuniária e continuada de renda, papel este de uma ação voltada à maior disponibilidade de emprego e salários dignos.

...

...

Brasília, em 17 de setembro de 1990.

FERNANDO COLLOR

Figura 33. Veto do presidente Collor, 1990.

Novo momento sacode a sociedade em 1991 e 1992. Os escândalos da Era Collor que provocaram o desmonte da esperança e adotou a opção neoliberal quando o país esperava pela democracia social e política. Sua visão despótica de mundo, ou como ele confessa hoje, a ideia de que era um *Superman*, pleno de poderes e vontades, príncipe da monarquia, traz indignação aos brasileiros.

As lutas sociais entre democracia e direitos sociais novamente se mesclam. A democracia política ainda não é fato. Os jovens, aqueles mais próximos ao nascimento da menina LOAS, pintam o rosto e vão às ruas.

A nova gestação é adiada, pois outras questões mais fortes se alevantam: o *impeachment* de Collor. Itamar Franco assume a presidência e o ministro Juthay Magalhães o Ministério de Bem-Estar Social.

Na Câmara Federal emergem projetos de lei pró-regulamentação da LOAS. As forças sociais se coalizam desde 1993, em torno do projeto de Lei n. 3.154/92, de Eduardo Jorge e José Dirceu que resulta dos momentos fecundantes. (Figuras 34, 35, 36, 37 e 38)

SINDICATO DOS ASSISTENTES SOCIAIS
DO ESTADO DE SÃO PAULO

FILIADO À CUT

TESE: A ASSISTÊNCIA SOCIAL NA ATUAL CONJUNTURA

I - Introdução

A reflexão a que nos propomos nessa tese é fruto das discussões que o Sindicato dos Assistentes Sociais e outras entidades vem realizando com a categoria, objetivando contribuir na formulação de uma proposta de Assistência, articulada com o processo de organização dos trabalhadores. A sua elaboração foi o resultado do esforço concentrado de um grupo de Assistentes Sociais que assinam este documento, cujas conclusões foram referendadas em Assembléia Geral com a categoria.

A presente tese não pretende ser um texto acabado, ao contrário, anuncia uma possibilidade de conceber e realizar a Assistência Social no Departamento de Saúde, Previdência e Assistência Social da CUT Estadual e também pretende ser um instrumento de socialização destas discussões acumuladas entre Assistentes Sociais com a parcela dos trabalhadores organizados e representados neste Congresso.

II- Conjuntura Nacional e (des) Governo Collor

É preciso recorrer a uma análise da história econômica e política do Brasil, para compreender e explicar o real significado do tão/verdadeiro/objetivo crise, que qualifica a conjuntura nacional bra

lgo. Arouche, 337 - 13º andar - Sta. Cecília - Fone: 221.9311 - São Paulo - SP - CEP. 01219
C.G.C. 51.236.966/0001-63

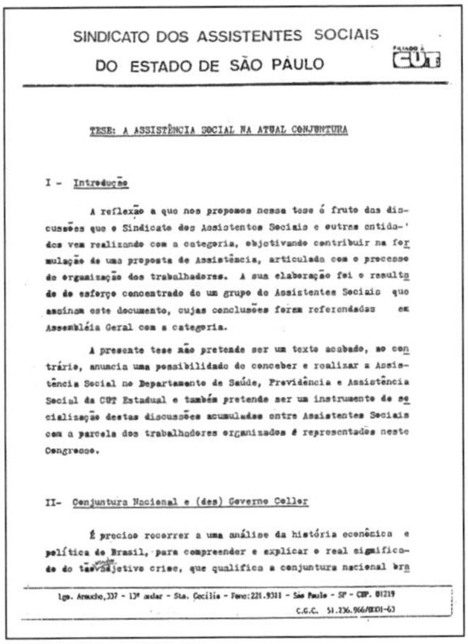

Figura 34. Sindicato dos Assistentes Sociais, 1990.

— CFAS - Conselho Federal de Assistentes Sociais -

CFAS.OF/CIRC/SEC N. 016/92

Brasília, 24 de Janeiro de 1992.

Companheira.

Encaminhamos, em anexo, o documento enviado pela ANASSELBA, pelo qual àquela entidade pronuncia-se sobre o trabalho e o texto elaborado pela Comissão Nacional pela Lei Orgânica da Assistência Social.

Consideramos, que o documento merece uma resposta imediata, com base na posição desse grupo técnico e político de trabalho.

Nesse sentido, apontamos para fevereiro próximo, na cidade de São Paulo, uma reunião extraordinária dessa Comissão, com seus Assessores Técnicos.

Solicitamos a confirmação de sua presença, bem como propostas de local e horário para a realização da mesma.

Sendo o que temos para o momento, renovamos nossas,

Saudações.

LAURA REGINA MAURÍCIO DA FONSECA LEMOS DUARTE
A.S. CRAS-1890 - 8a.Região/DF
1a. Secretária do CFAS

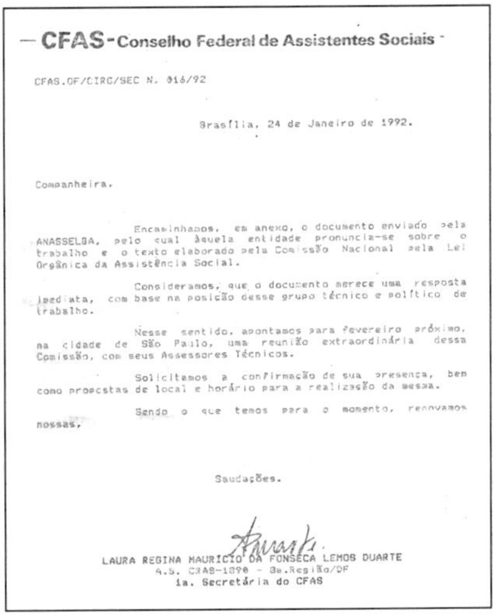

Figura 35. CFAS. Janeiro de 1992.

Ofício Circular B Nº 09 /92

Brasília, 21 de janeiro de 1992

Prezado (a) Senhor (a):

Considerando que nesta Casa estão tramitando Projetos de Lei que dispõem sobre a Lei Orgânica da Assistência Social, de autoria dos Deputados Reditário Cassol e Geraldo Alckimim, dos quais sou Relatora, estamos encaminhando as propostas referentes aos mesmos, para que, procedendo análise destas propostas, V.Sa. possa contribuir para subsidiar nossa atuação nesta função de relatora, que de forma responsável pretende estabelecer uma relação direta com as expectativas de profissionais que atuam diretamente nesta área.

Na oportunidade, apresentamos nossos protestos de elevada estima e consideração.

Cordialmente,

Fátima Pelaes
Deputada Federal

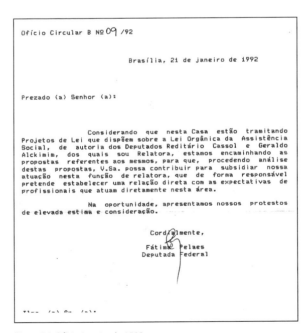

Figura 36. Ofício, janeiro de 1992.

Projetos de Lei para a LOAS

PL n. 1.457 de 6/8/1991 — do Deputado Reditório Cassol

PL n. 1.943 de 1/10/1991 — do Deputado Geraldo Alckmin

PL n. 3.154/1992 — dos Deputados Eduardo, José Dirceu, Jandira Feghali e Maria Luiza Fontenelle

Figura 37. CFAS, maio de 1992.

TODOS AO ATO PÚBLICO.

A LUTA TAMBÉM É SUA.

1 - Comissão Nacional e Estadual em Defesa da Regulamentação da Lei Orgânica da Assistência Social;
2 - Conselho Federal de Assistentes Sociais - CFAS;
3 - Associação Nacional dos Servidores da Legião Brasileira de Assistência - ANASSELBA;
4 - Conselho Regional de Assistentes Sociais - 7ª Região - CRAS/7ª Região;
5 - Central Única dos Trabalhadores - CUT;
6 - Federação dos Aposentados do Rio de Janeiro;
7 - Conselho de Entidades de Bem Estar Social do Rio de Janeiro - CEBES/RJ;
8 - Movimento Nacional de Meninos e Meninas de Rua - MNMMR;
9 - Centro de Articulação das Populações Marginalisadas - CEAP.

ATO PÚBLICO PELA REGULAMENTAÇÃO DA LEI ORGÂNICA DA ASSISTÊNCIA SOCIAL

LOCAL: CINELÂNDIA   -   DIA: 28/01/92   -   HORÁRIO: 15 horas

* Pelo pagamento de um salário mínimo a pessoa portadora de deficiência e ao idoso sem condições de auto sustento;

* Fim da corrupção com o dinheiro destinado a Assistência Social;

* Fim do uso dos recursos da Assistência Social de forma clientelista;

* Participação da População na formulação das Políticas e no controle das ações da Assistência Social (Art. 204 da Constituição Federal).

COMPAREÇA!

Figura 38. Ato público, janeiro de 1992.

Em julho de 1993 o novo ministro envia um projeto de regulamentação da assistência social ao presidente da República. O executivo entendeu que não poderia aprovar um projeto de iniciativa do legislativo, já que o primeiro fora vetado, e assim, elaborou novo projeto. A pressão instalada e apoiada pelo Conselho Nacional de Seguridade Social encaminha, pela formação de uma Comissão Especial no Ministério já instalada para equacionar o estudo das atribuições da assistência social. O chefe de gabinete Japy Magalhães e o assessor Antônio Massarioli

André vão coordenar o processo pelo executivo. (Figuras 39, 40, 41, 42, 43, 44, 45 e 46)

EM n° 070

Em, 13 de julho de 1993

Excelentíssimo Senhor Presidente da República,

A Constituição Federal de 1988, que tivemos a honra de ser um dos seus subscritores, dedica, no capítulo da seguridade social, uma seção específica para a Assistência Social, prevendo, inicialmente, em seu artigo 203, os destinatários deste importante segmento da ordem social. Já o artigo seguinte, do Estatuto Constitucional, direciona-se para as ações governamentais, nessa área, não somente indicando a fonte primária dos recursos que custearão tais ações, mas, sobretudo, as diretrizes a serem adotadas.

...
...

14. Ante o exposto, e com as razões de ordem social ora alinhavadas, tenho a honra de submeter à superior decisão de Vossa Excelência o anexo Anteprojeto de Lei, a ser levado à apreciação dos Senhores Parlamentares, que terão a histórica oportunidade de resgatar para o convívio da sociedade brasileira todos aqueles que, de alguma forma, desta se acham excluídos, necessitando, urgentemente, de ações concretas, materializadas pela efetiva vontade de mudar o angustiante quadro social do nosso País.

Respeitosamente,

JUTAHY MAGALHÃES JUNIOR
Ministro de Estado do Bem-Estar Social

Figura 39. Exposição de Motivos, 13 de julho de 1993.

Resolução n.° 14, de 12 de agosto de 1993

O Plenário do Conselho Nacional da Seguridade Social, em Reunião Extraord realizada no dia 12 de agosto do corrente ano, considerando o disposto na Resolução n.° 12, de 9 de julho de 1993, quanto à relevância e urgência da aprovação da Lei Orgânica da Assistência Social;

...
...

III - Solicitar, em conjunto com a Comissão de Seguridade Social e Famíl da Câmara dos Deputados, Conselho Nacional dos Direitos da Criança e do Adolescente - CONANDA, Conselho Nacional de Segurança Alimentar - CONSEA e com o Conselho Nacional de Saúde, audiência ao Excelentíssimo Senhor Presidente da República, para enfatizar a importância do encaminhamento do Projeto de Lei Orgânica de Assistência Social, em regime de urgência, ao Congresso Nacional.

JUTAHY MAGALHÃES JUNIOR
Presidente

Figura 40. Resolução, 12 de agosto de 1993.

Figura 41. Substitutivo, 1993.

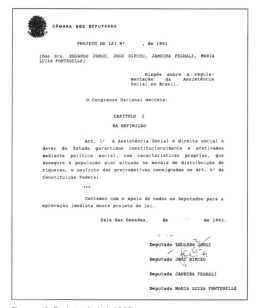

Figura 42. Projeto de Lei, 1992.

MINISTÉRIO DO BEM-ESTAR SOCIAL

Portaria nº 03 /GM, de 12 de agosto de 1993.

O CHEFE DE GABINETE DO MINISTRO DO BEM-ESTAR SOCIAL, no uso das suas atribuições e considerando os termos da Autorização Ministerial de 11.08.1993, em face da proposta formulada por este Gabinete, RESOLVE:

Art. 1º Instituir Comissão Especial no âmbito do Ministério do Bem-Estar Social com objetivo de proceder aos estudos e sugerir providências que viabilizem a reestruturação e o reordenamento organizacional das unidades administrativas e órgãos vinculados a esta Pasta, e cujas atribuições estejam relacionadas com a assistência social e a ação social especializada em qualquer dos seus segmentos.

Art. 2º As atividades da Comissão Especial de que trata o artigo anterior serão supervisionadas pela Chefia de Gabinete do Ministro e coordenadas pelo Dr. ANTONIO MASSARIOLI ANDRÉ.

Art. 3º Esta Portaria entra em vigor na data da sua publicação.

JAPY MONTENEGRO MAGALHÃES JÚNIOR

Figura 43. Portaria, 1993.

Projeto de Lei n.° 4.100/93

Dispõe sobre a organização da Assistência Social e dá outras providências

O CONGRESSO NACIONAL decreta:

LEI ORGÂNICA DA ASSISTÊNCIA SOCIAL
CAPÍTULO 1
DA DEFINIÇÃO E DOS OBJETIVOS

Art. 1°. A assistência social, direito do cidadão e dever do Estado é Política de seguridade Social não contributiva que promove os mínimos sociais, através de um conjunto integrado de ações de iniciativa política e da sociedade para garantir o atendimento de necessidades básicas.

...

Art. 39. Com a implantação dos benefícios previstos no artigo anterior extingue-se a renda mensalvitalicia nos termos do disposto no art. 139, da Lei n.° 8.203, de 24 de julho de 1991

Art. 40. Essa lei entra em vigor na data de sua publicação.

Brasilia

Figura 44. Projeto de Lei, 1993.

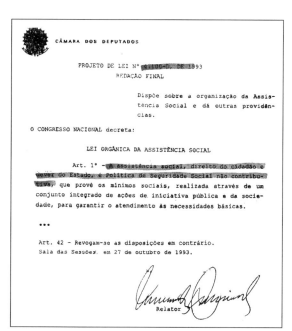

Figura 45. Projeto de Lei, 1993.

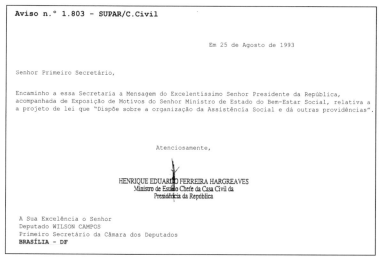

Figura 46. Exposição de Motivos, 1993.

Em 25 de agosto de 1993 o presidente Itamar Franco envia, em regime de urgência, projeto de lei para a Câmara Federal onde recebe o n.º 4.100/93.

O CFESS, a ABEPESS, com a presença dos CRESS — à época CEFAS e CRAS — organizaram forças e constituíram uma comissão interlocutora composta por com Laura Lemos Duarte, Carmelita Yazbek, Potyara Pereira, Aldaíza Sposati, Rosângela Batistoni; Ana Lígia Gomes. (Figuras 47 e 48)

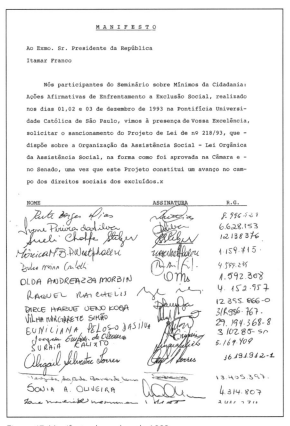

Figura 47. Manifesto, dezembro de 1993.

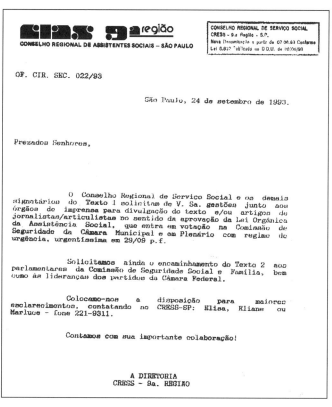

Figura 48. CRAS, 24 de setembro de 1993.

As negociações, os debates sobre emendas ao texto constitucional geram um momento ímpar, que se torna conhecido como a Conferência Zero da Assistência Social. No auditório da Câmara Federal é debatido artigo por artigo do projeto de lei entre representantes dos vários estados e dos movimentos pró-LOAS, com a presença de parlamentares, líderes do governo, emissários do ministro, e a deputada Fátima Pellaes, relatora do projeto de lei. Ali é fechado o texto básico. (Figuras 49 e 50)

> **Emendas ao Projeto de Lei Orgânica de Assistência Social**
>
> As considerações sobre emendas à LOAS são resultado de:
>
> (a) - análise das emendas propostas pela Comissão Nacional/CFESS
> (b) - análise de emendas propostas pelas discussões regionais sobre a LOAS, promovidas pela Secretaria de Estado e Promoção Social
> (c) - discussão das emendas(a+b) com o fórum de dirigentes de assistência social de Prefeituras do Estado de São Paulo sob governo democrático-popular.
> (d) - reunião ocorrida na PUC-SP entre os deputados Eduardo Jorge, José Maria Alckim, dirigentes do MBES, de CBA, presidente do CFESS, núcleo de Assistência Social da PUC-SP, para avaliar a tramitação da lei na Câmara Federal.
>
> Tomou-se por base, para estas sugestões a proposta da Comissão Nacional somada à preocupação de que o projeto de lei caminhe sob a chancela de urgente/urgentíssimo o que supõe a seleção de emendas prioritárias.
>
> **Emendas ao P.L 4.100/93 - LOAS (Poder Executivo)**
> **Mensagem 530/93**
>
> Sugestões:
>
> 1- Artigo 2°
>
> Incluir alínea VI em atenção ao artigo 245 da Constituição:
>
> II – *Assistência aos herdeiros e dependentes carentes de pessoas vitimadas por crime doloso, sem prejuízo da responsabilidade civil do autor do ilícito.*
>
> Atenção: Esta inclusão supõe uma análise jurídica de pertinência e financeira de impacto. A preocupação é de atender-a esta questão não regulamentada ainda.
>
> 2 - Artigo 4°
>
> Mudar acrescendo a alínea II
>
> Participação da população *diretamente ou* por meio de organizações representativas
>
> Acrescer a alínea III
>
> III – *Primazia da responsabilidade do estado na condução da política de assistência social em cada esfera de governo*
>
> 3 - Artigo 7°
>
> O CFESS propõe a introdução da gratuidade na prestação de atendimento das entidades - há concordância quanto a esta questão se ficar restrita ao beneficiário direto, isto é, a população e não incluir as próprias entidades sociais.
> O CFESS propõe ainda um parágrafo único que entendemos complexo pois exigirá a não presença de profissionais remunerados nas organizações o que levará a um voluntarismo e ausência de profissionalismo na ação.
> Este ponto ficou de ser melhor avaliado pelos dirigentes do MBES e pelos deputados. Discutirei esse artigo com a AMESC e a ABONG, que, na condição de associações de interesse dessa área, quer no campo do atendimento como no dos direitos, poderão opinar com gabarito, sobre a questão. Portanto, na próxima 4ª feira envio artigo com sugestões.
>
> 4 - Propostas para o artigo 9°

Figura 49. Emenda ao PL, 1993.

> Ministério do Bem-Estar Social
>
>
> Subsídios para o
> reordenamento institucional
>
>
> Outubro de 1993

Figura 50. Subsídios, 1993.

Carta aberta das organizações da sociedade civil pelos "DIREITOS CONSTITUCIONAIS À ASSISTÊNCIA SOCIAL" — 1993

Na qualidade de representantes da sociedade civil comprometidos com enfrentamento da pobreza da população brasileira, queremos nos posicionar quanto a aprovação da Lei Orgânica da Assistência Social — LOAS cuja missão é garantir meios de proteção social aos cidadãos brasileiros em situação de precariedade de sobrevivência:

1 — Pela ausência de vontade política o País não implantou um verdadeiro e próprio sistema de seguridade social do qual a assistência social faz parte juntamente com a saúde e a previdência social. Embora a Lei Orgânica da Seguridade Social tenha sido promulgada (Lei n. 8.212/91) a Lei Orgânica da Assistência Social teve sua primeira proposta vetada pelo executivo em 1990 e aguarda até hoje sua regulamentação. Há três projetos de lei tramitando na Câmara Federal; todavia o executivo ainda não apresentou sua proposta demonstrando sua vontade em atender o disposto nos artigos 203 e 204 da Constituição Brasileira.

2 — A Sociedade Civil não vem ocupando o espaço democrático a que tem direito no campo da assistência social. Não foi efetivado o Conselho de Assistência Social, que integre governo e sociedade civil a nível nacional, estadual e municipal e coordene propostas de ação e responsabilidades entre as três esferas, entre os órgãos de cada instância de governo e entre Estado e Sociedade Civil. Pelo contrário, persiste uma lei de 1938 de criação do Conselho Nacional de Serviço Social (CNSS) que formalmente disciplina a política entre Estado e Sociedade nesse campo de ação.

3 — Está sendo desencadeado forte movimento nacional da Sociedade Civil para enfrentamento da fome e da miséria dos brasileiros com o qual somamos. Todavia, do ponto de vista do governo, não temos a clara definição das diretrizes orçamentárias e das metas e prioridades da assistência social brasileira como uma política social onde o Governo Federal, os Estados e os Municípios assumam definidas responsabilidades nesse setor, inclusive perante a sociedade civil.

4 — Não existem ainda instrumentos de integração de diferentes organismos governamentais que cuidam da gestão da seguridade social. Agrava este quadro o caos institucional no campo da assistência social. Há uma indefinição de competências entre as três esferas do poder como também uma superposição de órgãos em cada esfera de ação: federal, estadual e municipal. Enquanto a política local avança no campo da assistência social, a exemplo da Frente Social de Municípios, a instância federal convive com o anacronismo de órgãos criados pré-Segunda Guerra Mundial, cuja concepção de política de seguridade social e da parceria Estado e Sociedade é fundada na filantropia e não no compromisso com a garantia dos direitos sociais da população.

5 — A política de ação para a população brasileira identificada como excluída, tem convivido com patrimonialismos e apadrinhamentos — paternalistas e fisiológicos — que resultam não só na ineficiência das ações como na contínua sujeição e subserviência da população. Isto leva a enfatizar que a consagração dos direitos sociais constitucionais, as formas democráticas e participativas de interferência da sociedade civil não chegaram ainda à assistência social, e às relações governo-sociedade civil nesse campo.

Foi uma luta onde alguns significativos anéis se foram, e que precisam ser retomados: Um deles foi a redução de alcance do BPC. O vínculo à renda familiar de 1/2 salário mínimo *per capita* pretendido foi vetado pelo então ministro da Fazenda FHC. Hoje a retomada da aplicação do benefício a partir dos 65 anos é uma exigência, pois foi truncada por Medida Provisória em 1999. O alcance **para os 60 anos** definido pelo Estatuto do Idoso é também um ponto a compor a agenda desta IV Conferência Nacional.

Finalmente, em 7 de dezembro de 1993, a **LOAS** vira **Lei**. (Figura 51)

LEI Nº 8.742, de dezembro de 1993

*Dispõe sobre a organização
da Assistência Social
e dá outras providências.*

O presidente da República, faço saber que o Congresso Nacional decreta e eu sanciono a seguinte Lei:
LEI ORGÂNICA DA ASSISTÊNCIA SOCIAL

**CAPÍTULO I
Das Definições e dos Objetivos**

Art.1º • A assistência social, direito do cidadão e dever do Estado, é Política de Seguridade Social não contributiva, que provê os mínimos sociais, realizada através de um conjunto integrado de ações de iniciativa pública e da sociedade, para garantir o atendimento às necessidades básicas.

Art. 2º • A assistência social tem por objetivos:
•
•
•

Art. 41 • Esta lei entra em vigor na data da sua publicação.

Art. 42 • Revogam-se as disposições em contrário.

Brasília, 7 de dezembro de 1993

Figura 51. LOAS, 1993.

Nasce a menina LOAS. (Figura 52)

Figura 52. LOAS, 1993.

O processo instituinte que levou à LOAS começa a seguir o caminho institucional. Agora é hora de instalar o Conselho Nacional de Assistência Social, eleger seus membros, regulamentá-lo. (Figura 53) Aspásia Camargo transita pela presidência que será estabelecida por Carmelita Yasbek, vice-presidente em exercício, e pela nova presidente Marlova Jovchelovitch Noleto que vinha da luta dos municípios gaúchos, a FAMURG, trazendo o forte diálogo sobre a municipalização da política de assistência social.

Figura 53. CNAS, 1994.

Grandes definições, inauguram novos caminhos. Discute-se filantropia, entidade da assistência social e política nacional. O CNAS tem papel central nesse momento. (Figura 54)

É aprovada a Política Nacional do Idoso em 1994, e nove anos após, o Estatuto do Idoso de 2003. (Figuras 55 e 56)

Ministério do Bem-Estar Social
Secretaria da Promoção Humana

Política Nacional de Assistência Social

APRESENTAÇÃO

Fundamentado na Lei 8.742, de 7 de dezembro de 1993, que dispõe sobre a organização da Assistência Social e a garantia de atendimento às necessidades básicas a todos os cidadãos brasileiros privados dos mínimos sociais, este documento indica os pontos principais que deverão balizar a Assistência Social a ser desenvolvida por Órgãos de Governo e Sociedade Civil.

Trata-se de redação preliminar que deverá ser debatida pelo maior número de instituições governamentais e não governamentais envolvidas com a área, de maneira que possa representar, de fato, depois de consolidada e aprovada pelo CNAS os anseios da sociedade brasileira a respeito do assunto.

Fevereiro/94

Figura 54. CNAS, fevereiro de 1994.

LEI Nº 8.842, de 4 de janeiro de 1994

Dispõe sobre a política nacional do idoso, cria o Conselho Nacional do Idoso e dá outras providências.

O presidente da República, faço saber que o Congresso Nacional decreta e eu sanciono a seguinte Lei:

CAPÍTULO I
Da Finalidade

Art. 1º • A política nacional do idoso tem por objetivo assegurar os direitos sociais do idoso, criando condições para promover sua autonomia, integração e participação efetiva na sociedade.

Art. 2º • Considera-se idoso, para os efeitos desta lei, a pessoa maior de sessenta anos de idade.

⋮

Art. 21 • Esta lei entra em vigor na data de sua publicação.

Art. 22 • Revogam-se as disposições em contrário.

Brasília, 4 de janeiro de 1994

Figura 55. Lei n. 8.842, 1994.

> **LEI Nº 10.741, de 1 de outubro de 2003**
>
> *Dispõe sobre o Estatuto do Idoso
> e dá outras providências.*
>
> **O PRESIDENTE DA REPÚBLICA** Faço saber que o Congresso Nacional decreta e eu sanciono a seguinte Lei:
>
> **TÍTULO I**
>
> **Disposições Preliminares**
>
> **Art. 1º** É instituído o Estatuto do Idoso, destinado a regular os direitos assegurados às pessoas com idade igual ou superior a 60 (sessenta) anos.
>
> .
> .
> .
>
> **Art. 118.** Esta Lei entra em vigor decorridos 90 (noventa) dias da sua publicação, ressalvado o disposto no **caput** do art. 36, que vigorará a partir de 1º de janeiro de 2004.
>
> Brasília, 1º de outubro de 2003

Figura 56. Lei n. 10.741, 2003.

Muda o governo federal e assume FHC, em janeiro de 1995, que fica na gestão do país até dezembro de 2002. É ele quem cuidará da primeira infância e da alfabetização da menina LOAS e de sua Bolsa Escola através do Ministério da Educação. À partida já se pode dizer que não foi uma infância sadia, protegida, com as garantias de um ser de direitos como propõe o ECA a toda criança brasileira.

A infância da menina LOAS

A estratégia institucional do Governo FHC em dissolver a antiga LBA era desejada, mas não era, contudo: a truculência com que seu acervo/memória/conhecimentos foi incinerado e soprado como cinza ao vento; ou sua substituição pela Comunidade Solidária; ou a extinção do CONSEA — Conselho Nacional de Segurança Alimentar — este, através de Betinho e do Dom Mauro Morelli vinha lutando contra a Fome no Brasil, registrada pelo Mapa da Fome construído por Ana Peliano. Não foi um bom começo. Peliano, como representante do Comunidade Solidária na I Conferência Nacional de Assistência Social afirma que essa nova criação, o Comunidade Solidária, era um condomínio de múltiplos objetivos que não se resumia a ações seletivas, de caráter restritivo e emergencial. Suponho que isso não era indireta para a assistência social. Apresenta tal organização como uma estratégia diferenciada de gerenciamento e articulação de programas governamentais para resolver a descontinuidade, descoordenação, centralização, clientelismo, superposição, pulverização de recursos e fragmentação de ações. Lembremos que as palavras do relator da assistência social foram às mesmas em 1988. É interessante retomar essas propostas ideias e analisar sua coerência com todas as bolsas gás, alimentação, escola etc. que foram sendo instaladas pelos diversos Ministérios na gestão FHC.

É incrível como persiste a dificuldade em aceitar que a menina LOAS, embora com raízes genéticas conservadoras, se proponha a romper e fecundar novos núcleos moleculares de cidadania. Por que será que insistem em afirmar que ela é incapaz de unificar programas? Trabalhar em rede descentralizada? Entre outras tantas aquisições que suas irmãs da seguridade social já conquistaram.

Como se percebe, a menina LOAS que havia recebido em seu registro-lei que sua família teria comando único, logo percebe que sua sina é a de viver com duas mães. A pobre, que lhe é mais próxima, e a mais abonada, até por ser a primeira-dama, que não quer conversa com a menina por vê-la como assistencialista. É a reprodução da apartação e do estigma.

O seu tutor, em 1995, resolveu substituir a desejada regulação do dever de Estado e direito do cidadão na assistência social por uma "nova relação solidária", que manteve a opção reforçadora do neoliberalismo pela subsidiariedade. O *mix* de conservadorismo e modernidade neoliberal tiveram influência decisória no precário e anêmico desenvolvimento da infância da menina LOAS.

Em 7 de julho de 1995 é convocada a I Conferência Nacional de Assistência Social que se realiza de 20 a 23 de novembro de 1995 em clima de conquista ABONG, CFESS, ANASSELBA, CUT, ANG, MNMMR, CNBB, IBASE, CARITAS, FEBIEX, INESC, APAES, Confederação das Misericórdias do Brasil, Associação Nacional de Gerontologia, entre tantas organizações vão se articular através do CNAS para o triunfo da I Conferência. (Figuras 57, 58, 59 e 60)

As teses fundantes da LOAS são debatidas, o anúncio do sistema descentralizado e participativo, a municipali-

Figura 57. Conferência, 1995.

Figura 58. ABONG, 1995.

Figura 59. ABONG, 1995.

Figura 60. ABONG, 1995.

zação, a renda mínima, a relação público-privado, o financiamento, o controle social. Enfim, tudo é colocado à mesa. Nesta e nas II e III Conferências. Dois anos e seis anos após, os temas se repetem. São as mesmas perguntas, as mesmas indicações, e tudo continua na mesma. É bom avisar que não dá mais para suportar que o mesmo destino seja dado a esta IV Conferência. (Figuras 61, 62, 63, 64, 65 e 66)

A novidade era a implantação dos conselhos e dos fundos municipais e as reordenações institucionais que iam se instalando em todos os cantos do Brasil e hoje são as principais forças moleculares de mudança que é pouco considerada como patrimônio da política pública de assistência social.

Figura 61. MPAS, 1997.

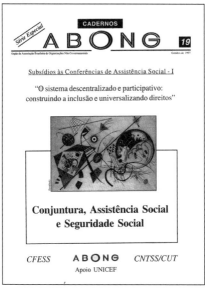
Figura 62. ABONG, 1997.

Figura 63. ABONG, 1997.

Figura 64. MPAS, 1997.

(Of. n.º 214/97)

SECRETARIA DE ASSISTÊNCIA SOCIAL
PORTARIA N.º 35, DE 26 DE DEZEMBRO DE 1994

Aprova Norma Operacional Básica que disciplina o processo de descentralização político-administrativo das três esferas de governo no campo da política de assistência social.

A **SECRETARIA DE ASSISTÊNCIA SOCIAL**, no uso das atribuições que lhe confere o Art. 10 do Decreto n. º 1.644, de 25 de setembro de 1995, e tendo em vista as disposições contidas na Lei n.º 8.742, de 07 de dezembro de 1993 e o Decreto n.º 1.605, de 25 de agosto de 1995.

Considerando a premente necessidade de estabelecer estrutura básica do Sistema Descentralizado e Participativo da Assistência Social;

Considerando a necessidade de estabelecer as competências dos órgãos gestores, caracterizar os níveis de gestão e os requisitos básicos para sua eficiência e eficácia;

Considerando a necessidade de estabelecer fluxo de financiamento e transferência de recursos do Fundo Nacional da Assistência Social para os Fundos Estaduais e Municipais de Assistência Social;

Considerando a incorporação das sugestões oferecidas, em especial as apresentadas pelo Conselho Nacional de Assistência Social, que resultam na Resolução n.º 204, de 04 de dezembro de 1997;

Resolve:

Art 1º- Aprovar a Norma Operacional Básica disciplinadora do processo de descentralização político-administrativo das três esferas de governo no campo da Política da Assistência Social;

Art 2º- Esta Portaria entra em vigor na data de sua publicação, revogando as disposições em contrário.

LÚCIA VÂNIA ABRÃO COSTA

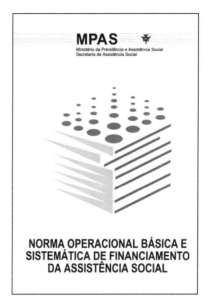

Figura 65. MPAS, 1997.

A MENINA LOAS

Figura 66. II Conferência, 1997.

A crise na gestão da assistência social vai sendo acentuada. Uma das mais graves foi a do impedimento da realização da III Conferência Nacional em 1999, no primeiro ano da reeleição do presidente FHC. Foi derrubada sua realização por ordem presidencial e reprogramada para dezembro de 2001. Rompeu-se o disposto em lei onde as Conferências Nacionais deveriam se realizar de dois em dois anos, só agora este dispositivo é retomado nesta IV Conferência. Aqui o agradecimento a todos que levaram essa proposta avante neste novo governo nacional. (Figura 67)

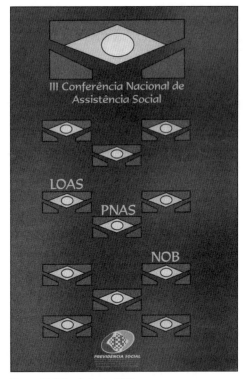

Figura 67. III Conferência, 2001.

Os *Anais* da III Conferência não registram o ocorrido. A opção, nada democrática, foi a de divulgar a palavra do governo e em nada a da sociedade. A política nacional é apresentada em propósitos que não são vinculados a metas ou estratégias concretas. Do mesmo modo, a noção de sistema descentralizado e participativo expõe conceitos e competências sem estabelecer a dinâmica real, que é entendida tão só como fluxos onde só estão claras as sanções aos municípios em sua habilitação. Não há propósitos e compromissos com as alterações da realidade pela política social emergente e capacitada.

Poderia aqui detalhar as idas e vindas desse período, seus méritos e deméritos, este caminho não seria porém o mais importante neste momento, até porque nos 8 anos, em quase nada, a menina LOAS foi estimulada e capacitada a ter vida pública e política sob direitos sociais.

O atropelo da primeira infância trouxe uma nova situação no governo de Luiz Inácio Lula da Silva que se inicia em 2003 com a ministra Benedita da Silva. A menina LOAS recebe casa própria: o Ministério da Assistência Social. Seguramente o mais importante avanço desde seu nascimento. Mas, é preciso que essa casa diferente daquela da canção de Vinicius *"era uma casa muito engraçada não tinha..."* tenha robustez para garantir direitos e caminhar na trilha da inclusão.

Para isso são necessárias algumas recomendações.

1ª recomendação

erguer os pilares sustentadores da política pública de assistência social, é preciso processar a substituição dos materiais frágeis que **ainda** compõem a casa do Ministério da Assistência Social por pilares de sustentação com argamassa **unificadora para todo o território nacional.**

A nova casa da menina LOAS precisa de pilares de sustentação.

— o primeiro pilar é formado pelo **paradigma da relação de parceria**, não podem existir tijolos separados ONG a ONG, entidade a entidade. Sem argamassa e concreto unificador, não haverá política social e direito do cidadão. É preciso instaurar a relação de rede/sistema onde a **completude** não é individual, mas resultada da relação de intercâmbio e divisão conjunta de trabalho, resultados e direitos dos usuários.

— **o segundo pilar é o sistema único de cobertura, descentralizado, territorializado**, com porta de entrada única para todos os usuários, e não para cada entidade. É preciso definir quem entra e quem sai e como sai, isto é, com quais aquisições e direitos garantidos.

— **o terceiro pilar é o de serviços permanentes e continuados**, acabando com nomes fantasias. É preciso nomenclatura padrão que atravesse governos, é preciso hierarquia de serviços entre proteção social básica e especial que garanta seguranças de cobertura.

— **o quarto pilar é o do pacto federativo da assistência social** que opere por um fluxo ascendente onde a gestão nacional opere sob o caráter democrático e reconheça as forças locais que possui.

Estes pilares ao serem fincados devem romper com núcleos institucionais históricos das relações elitista, das primeiras damas, do nepotismo. É preciso entender que esta ruptura é parte do novo alicerce democrático e não da pintura da casa da menina LOAS.

As janelas dessa casa devem exercer a vigilância dos riscos e vulnerabilidades sociais, produzir novos conhecimentos metodológicos, estabelecer padrões de qualidade, indicadores de avaliação e a efetiva implantação do Sistema Único Descentralizado e Participativo da Assistência Social.

2ª recomendação

dar caráter substantivo a assistência social, pois é preciso tornar patente em palavras, decisões e consequências que a assistência social não é gênero que se subdivide em espécie, ela não é um adjetivo. A **Assistência Social** é espécie do gênero Seguridade Social e tem área de ação definida na constituição federal. É preciso parar de transgredir a constituição e levá-la a sério. Ela não é elixir de pobre. Ela é proteção social básica e especial; ela tem especificidade que a distingue, o que não a aparta das necessárias relações com as demais políticas sociais e econômicas. Assistência social é ato de **direito** e não ato de vontade ou liberdade. Como direito, tem responsabilidade pelos resultados do que faz e não só vontade de inaugurar coisas novas ou novos nomes.

Como direito, a assistência social é **obrigação** para com a coletividade e ao indivíduo.

3ª recomendação

estabelecer para o usuário o poder de ter direitos:

Construir paredes e teto nessa casa, definir seu espaço próprio, exige materializar **que direitos são esses da assistência social.** Afinal é direito a quê? Quando ocorre? A quem se dirige? Considero que podemos caracterizar dois grupos de direitos sob a assistência social:

> a) **o direito à subsistência:** que supõe satisfazer necessidades básicas, que na sociedade brasileira, tem sido pensado e operado fora da assistência social, a não ser para os idosos, doentes crônicos e pessoas com deficiência que pelo BPC estão na Assistência Social;

Está em curso no país um movimento para reconhecer o direito à subsistência da família e não do indivíduo criança, jovem, adulta mulher, adulto homem etc. Há também em curso a dúvida sobre o lócus desse direito, isto é, através de qual burocracia estatal ele deve ser assegurado. Unificaram-se os programas sociais do antigo governo, o que é extremamente positivo. Isto permitirá maior clareza para definição do direito à subsistência. A unificação não pode porém ser tão só de banco de dados. É preciso, como na Previdência Social que tem o Dataprev, ter o DataSAS da Assistência Social. A tarefa ainda está inconclusa. É preciso que ambas tenham a relação viva com a população. Assim como o INSS é o "balcão" de relações da Previdência é preciso ter o "balcão" municipal de Assistência Social, tornando a relação viva com as organizações e cidadãos. A tarefa ainda está inconclusa. É preciso fazer transitar o caráter dessa unificação da condição de programa social, parte de uma política de governo, para o campo do direito à subsistência, enquanto política de Estado. Enfim, é preciso conferir **poder** às famílias e comunidades para fazer uso dessa atenção, para que se rompa com a tradicional noção de tutela e de favor. Se alguém tem direito a determinada prestação obviamente corresponde a outrem a obrigação de prestá-la. Neste campo o BPC tem o acúmulo de sete anos de aplicação, o que merece dedicação em sua análise pelos técnicos da assistência social, para se saber o que vale e o que não vale como recomendação para o processo de garantia do direito à subsistência no Brasil.

b) **o direito à proteção social básica e especial** para prover apoios para a autonomia em situações de risco, vulnerabilidades, vitimizações como aquisições específicas da gestão da assistência social como política de direitos.

É fundamental entender que a assistência social, como os direitos sociais e humanos, opera por direitos coletivos e não só pelo alcance de individualidades.

O sistema de direitos à assistência social precisa ser consolidado. Está disperso em segmentos e têm interfaces com a justiça, principalmente na proteção às vítimas de violações. É o direito à prevenção e à proteção às situações que fragilizam ou agridem os direitos humanos e sociais que inspira o corpo de direitos na assistência social.

4ª recomendação

romper o caráter inconcluso da aplicação da Constituição brasileira quanto aos direitos sociais.

A Constituição propõe um modelo político-jurídico que vincula as ações públicas com os deveres de fazer e de atuar positivamente. Ela não propõe fazer assistência social com absentismo, mas sim com a presença forte e eficiente do Estado na consolidação de direitos.

O campo dos direitos humanos a que a assistência social se filia significa que ela não opera só com o direito individual de liberdade, mas com o direito peculiar a grupos, categorias, segmentos — vítimas coletivas — na direção do direito à Segurança Social. São novas categorias de sujeitos de direitos cujo fundamento está na solidariedade de cidadania.

5ª recomendação

romper com o vínculo entre a assistência social e a noção residual de pobreza que não alcança a cidadania; é preciso adotar por base as noções: de necessidade, de risco, de vulnerabilidade social demandatárias de garantia às seguranças de proteção social.

A força da assistência social não vem tão só da sua macro-organização mas, sobretudo da sua micro-organização e isto em três sentidos:

— a força do **Estado local**, as prefeituras, o comando único da assistência social municipal, os conselhos municipais e os fundos municipais. Temos uma estrutura capilar organizada que não tem recebido a importância que merece;

— a força das organizações sociais, que há muito tempo sabem e praticam o trabalho social, o trabalho socioeducativo, mostrando que a assistência social não é só acesso a cartão de benefício, mas organização de base, relação com o cidadão usuário e com sua família, com a vizinhança, com o bairro onde vive. Ela é organização social para além do destino singular. Ela é força social;

— a força da própria população demandatária e usuária, cuja voz passa a ser ouvida, para dizer dos serviços, dos seus direitos, de sua representação como hoje nesta IV Conferência Nacional que resulta de 5.000 Conferências Municipais, muitas delas desdobradas em Conferências Regionais e articuladas em Conferências Estaduais.

Estas incisivas recomendações têm um grande propósito: direcionar a assistência social para a inclusão é antes de mais nada tirá-la da condição de excluída do alcance de direitos.

Só, e tão só, como ser de direitos é que a menina LOAS poderá ter uma adolescência sem medo de ser feliz.

LEIA TAMBÉM

▶ **PROTEÇÃO SOCIAL DE CIDADANIA**

Inclusão de idosos e pessoas com deficiência no Brasil, França e Portugal

Aldaíza Sposati (Org.)

3ª edição (2009)

264 páginas

ISBN 978-85-249-1049-4

O livro reúne reflexões, no campo da proteção e inclusão social, elaboradas por pesquisadores e professores brasileiros, franceses e portugueses. Trata do alcance da proteção social não contributiva sobre a renda de cidadania para idosos e pessoas com deficiência.

LEIA TAMBÉM

▶ ASSISTÊNCIA NA TRAJETÓRIA DAS POLÍTICAS SOCIAIS BRASILEIRAS
Uma questão em análise

Aldaíza de Oliveira Sposati
Dilséa Adeodata Bonetti
Maria Carmelita Yazbek
Maria do Carmo B. Carvalho Falcão

11ª edição (2010)

120 páginas

ISBN 978-85-249-0033-4

Esta obra suscita, de forma renovada, diversas preocupações para todos aqueles que se interessam pelo assunto. São pontos marcantes desse estudo: o exame de várias formulações de política social, a presença da assistência no conjunto de tal política, as singularidades da assistência e do assistencialismo, e ainda suas relações com o Serviço Social.